はじめての日本国債

服部孝洋
Hattori Takahiro

a pilot of wisdom

目次

第4章 日銀の役割と公開市場操作（オペレーション）——103

第7章　日本国債はどのように発行されているか——176

第9章　短期金融市場と日銀の金融政策

はじめに

読者は「日本国債」という言葉を聞いたときにどのようなことを思い浮かべるでしょうか。教科書的にいえば、日本国債とは日本政府が資金を調達するために発行する債券、すなわち借金を意味します。なぜ政府が借金をしているかというと、税収などから得られる歳入に比べて歳出が多いことが主因です。私たちが政府のサービスを受けているという観点でいえば、私たちの日々の生活を背後で支えているものが国債ともいえます。

金利という観点で国債に関心を持つ人もいるかもしれません。金利とは、本書で説明するとおり、国債に投資したときのリターンに相当します。あるいは、借金をする政府から見れば借り入れるためのコストともいえます。

金利と為替の動きが密接な関係を有することから、為替を通じて金利に関心を持った方も多いかもしれません。例えば、金利の変化により為替が円安になると、iPhone の値段が急に上がったり、あるいは、海外旅行に行く費用が高くなるなど、私たちの生活に直結してきます。

最近では資産運用の話題も増えてきましたが、資産運用という観点でも国債の理解は必須といえます。例えば、読者が銀行の窓口でドル建ての金融商品を勧められ、そのリターンが7％であったとします。長年、低金利に慣れた日本人からすれば、7％というリターンは高いと感じるかもしれません。しかし、仮に、米国政府が発行した国債（米国債）の金利が5％であった場合はどうでしょうか。このように国債の金利を見たうえで、ほかの資産を眺めると、また違った景色が見えるはずです。

本書の目的は、私たちの生活に実は深い関係を持つ日本国債や金利について、その基礎をできるだけわかりやすく説明することです。昨今、株式投資に関する書籍が増えていますが、国債や金利に関する書籍が不足していると感じています。そこで、本書では国債や金利について、できるだけ具体例を用いながらコンパクトに整理します。本書を読むことで、日々のニュースなどをより深く理解することができるようになるはずです。

本書では、できる限り流行《はや》り廃《すた》りのない、国債や金利の基礎の説明を心がけました。ここで説明することは大学で金融の授業を受けたら習う内容であり、金融機関に入ったら研修で習うようなものです。読者が資産運用を考えているのであれば理解しておかなければならない基礎ともいえます。最近では金融教育の重要性が指摘されることもありますが、金融教育という観点で把握すべき内容にも力点を置いて説明するよう努めました。

また、本書の特徴はできるだけ金融市場の現場を理解できるように工夫したことにもあります。例えば、読者が証券会社のトレーダーや財務省の政策担当者になったという視点を交えながら話を展開していきます。そうすることで、これまでの債券や金利の書籍に比べて、実際の取引や政策が初学者にもイメージできるのではないかと思います。

本書の流れは次のようなものです。最初に、国債市場の全体像について概観した後、金利と債券に関する基礎知識について説明します。そして、その知識をベースに、証券会社、日本銀行、民間の金融機関、日本政府（財務省）という観点で話を展開させていきます。最後に金融派生商品（デリバティブ）に加え、最近話題になることが増えている短期金利や短期金融市場についても説明します。

第1章　国債がわかれば金融の仕組みがわかる

1．1　債券とはなにか

例えば、読者が会社を立ち上げて、新しい事業をしたいと考えているとします。もっとも、新しい事業を始めるには資金が必要です。ここでは、読者がビジネスを展開するうえで、100万円の資金を調達する必要があるとしましょう。

資金調達にはいくつかの方法があります。例えば、銀行から100万円を借り入れる（ローンをする）ことを考えてみます。その場合、読者は利子を銀行に支払い、借り入れ期限に借りた金額を返済します。もし、金利が1％であれば100万円の1％に相当する1万円の利子を支払います。また、返済期限が1年後であれば、借りた金額である100万円を1年後に返済

図表1-1　債券の仕組み

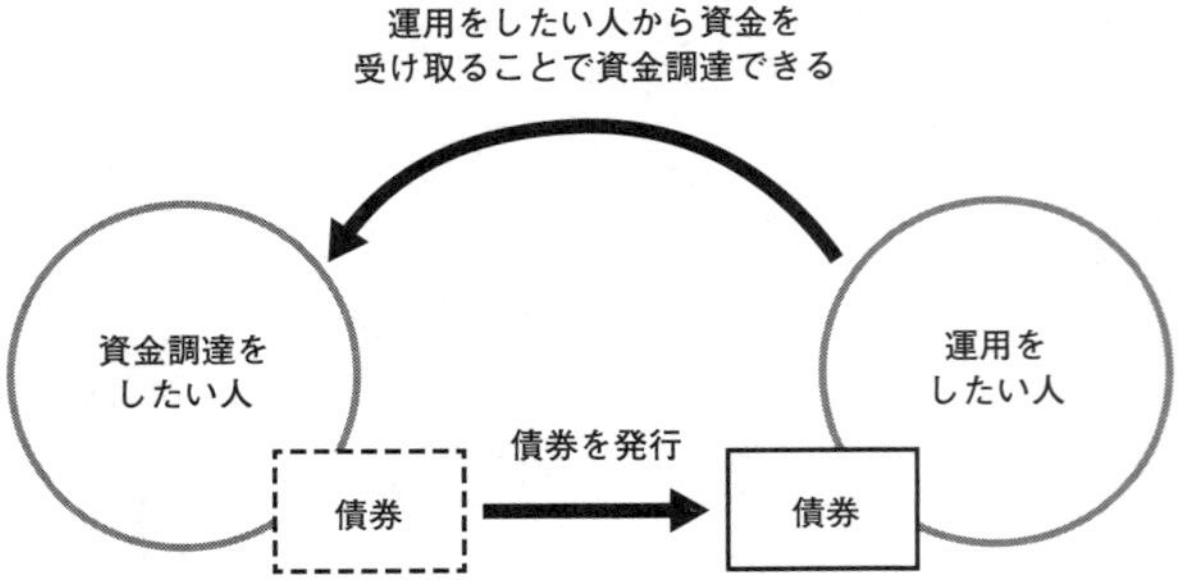

（出所）筆者作成

する必要があります。

本書で取り扱う「債券」も、基本的な仕組みは借り入れと同じです。ただし、債券は「証書」を発行する点が大きな特徴です。読者が立ち上げた企業が証書を発行し、それを投資家に売却し、100万円を受け取ることで資金調達をするのです（図表1-1）。その証書を100万円で購入した投資家は、期中に利子がもらえ、最後（これを「満期」といいます）に元本である100万円が返ってくるという仕組みになっています。

現在、債券は電子化されており、証書そのものは見られないのですが、図表1-2が電子化される以前の国債です。この写真のように、証書にはクーポンが複数付されており、例えば、半年に一度など、このクーポンをびりっと切り離して銀行に持っていけば、利子を受け取れる仕組みです。このことから債券の利子を

「クーポン」といいます。債券は英語でBondといいますが、金利や返済額という将来の資金の流れ（キャッシュ・フロー）が確定されているため、「Fixed Income Securities（確定利付証券）」といわれることもあります。

債券はさまざまな主体によって発行されていますが、日本政府が発行した債券を「日本国債」といいます。日本国債は英語でJapanese Government Bondsということから、「JGB」という略称が広く普及しています（本書では「国債」と記載したときは、基本的には日本国債を前提に話を進めます）。

もちろん、債券には国債以外のものもあります。例えば、地方自治体が発行する債券を「地方債」といいます。事業会社が発行する債券は「社債」といい、海外の政府や企業が発行する債券を「外債」といいます。このようにさまざまな債券が発行されていますが、日本の市場ではその大部分を日本国債が占めています。

債券に似た概念として、「債権」があり、しばしば混同

図表1-2　電子化前の国債

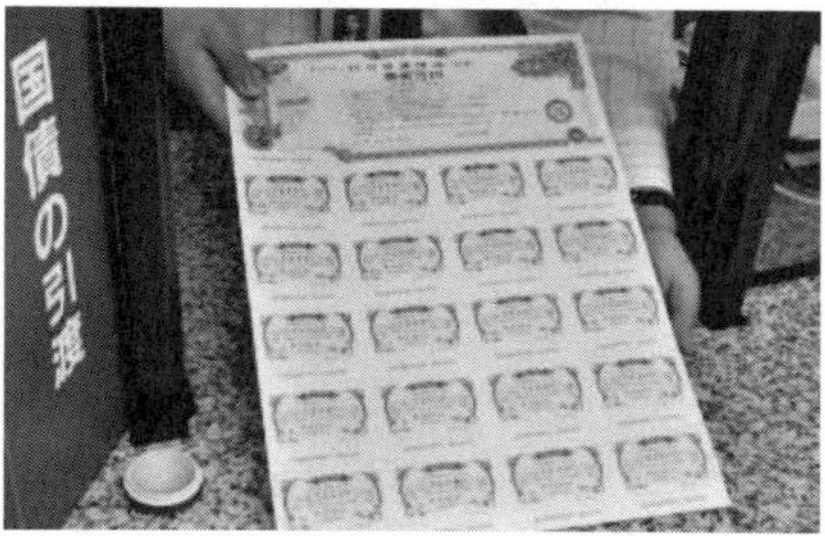

（出所）日本銀行

されます。「債券」が「証書（有価証券）」という意味合いであるのに対して、「債権」の場合は貸出債権（貸付債権ともいう）など、貸した資金の返還を求める「権利」という意味合いになり、「債務」と対になる点に注意してください。

1．2　債券の価格はどのようにして決まるか

中古市場（流通市場）と債券の価格

先ほどは債券と借り入れ（ローン）を同じように取り扱いました。債券とローンは、契約する時点で、将来生まれる資金の流れが固定されています。その観点で、債券とローンは類似性の高い商品です。

債券とローンの特に重要な違いは、「転売（中古）市場」の有無です。例えば、読者が銀行からお金を借りた場合、銀行は読者に対して、貸出債権を持ちます。そして、銀行はこの貸出債権を、基本的には売却できません。[*1]

その一方で、ある投資家が例えば、社債を購入した場合、その投資家は満期前に、この債券を売却することができる、いわば中古市場が存在するのです。債券の場合、先ほど説明した図

表1－2のような証書（債券）が、Amazonやメルカリのような中古市場で売買されているということです。*2

債券では、その時々の需要と供給に基づいた取引がなされます。例えば、メルカリを想像してほしいのですが、読者がある本を売りたいとし、売りたい価格を提示します。もしその価格で買いたい人が購入ボタンを押せば売買が成立します。もっとも読者があまりに高い値段をつければ誰も買おうとしません。一方、安くしすぎると多くの買い手が現れますが、自分の利益が減るわけです。

国債についてもこのようなイメージで価格形成がなされます。大切な点は、このような中古市場があり、活発に取引されるからこそ、その時々で、多くの投資家が取引したい国債の価格がわかるということです。この市場価格をそのときの価格という意味で「時価」といいます。いうまでもなく、当該債券が市場で高く評価されれば高い価格がつきますし、欲しい人が少な

＊1　厳密には証券化など売却する手段はあります。
＊2　ここでのAmazonやメルカリは例であり、実際にメルカリなどで国債が売られているわけではない点に注意してください。

ければ低い価格がつきます。投資家は債券を最初から最後まで保有することもできますし、中古市場で売却することもできるわけです。

金融の世界では、このような中古市場を「流通市場（セカンダリー市場）」といいます。一方、新しく債券を発行する市場を「発行市場（プライマリー市場）」といいます。これは新刊書籍を購入する市場（＝発行市場）と中古の書籍を購入する市場（＝流通市場）のような違いです。もっとも書籍とは異なり、債券は将来キャッシュを生み出すものなので、商品自体が古くなってしまう（摩耗してしまう）といったことはない点に注意してください。

読者に理解してほしいのは、例えば、新聞などで、日々金利が動いたと報道される場合、この金利は中古市場（流通市場）で形成された価格に立脚しているという点です。実際、国債は毎日発行されているわけではなく、私たちが目にする日々の金利の情報は、流通市場（中古市場）における国債の価格に立脚した金利なのです（価格と金利の関係については第2章で議論します）。

適切な価格形成のためには流動性のある市場が必要

ローンではその時々において、人々が評価する価格が観測できないわけですが、債券という形を取ることで、流通市場で売買され、その結果、投資家が買いたい（売りたい）価格（時価）が可視化されます。大切な点は、その時価が適正かどうかは、そのときにどれくらい活発に売買がなされているかに依存する点です。

読者もAmazonやメルカリなどで取引される中古商品に、誰も買わないような非現実的な価格がつけられているのを見たことがあるはずです。例えば、読者がある本をメルカリで売りたいとし、10万円など誰も買わない価格を提示することは可能です。もっとも、これは取引されるはずのない非現実的な高値をつけているだけといえます。

国債の流通市場でも、全然取引がなされていない中で、ある投資家が、「この価格でなければ国債を売りたくない」などといって非現実的な価格を提示することもできます。しかし、この価格はある一人の投資家が提示している非現実的な価格にすぎず、それに応じる投資家はいないのですから、その数値に意味があるとはいえません。

言い換えれば、流通市場で国債の取引が活発になされ、実際に取引される価格や金利を観測できるがゆえ、その価格・金利が重要な意味を持つわけです。市場参加者は、このように活発な取引がなされる市場を「流動性がある市場」と表現します。

国債市場とは、買いたい人と売りたい人が集まり売買がなされる、いわばエコシステムのようなものです。国債市場は証券会社が売り値と買い値といった価格を提示しており、証券会社がビジネスをしている限り、原理的には24時間開いています。日本国債市場についてはその多くの投資家が日本人であることから、朝、売買したい投資家が集まり、夕方ごろから閑散化するというイメージです。毎営業日、さまざまな投資家が日本国債市場にやって来て、数兆円の取引[*3]が実際になされ、また翌朝たくさんの投資家が集まる、という巨大なダイナミズムともいえます。

注意してほしいことは、このような巨大なダイナミズムを持つ市場は簡単には形成されないということです。事実、政府や取引所が新たな商品を導入しようとしても十分な参加者が現れず、取引がなされないということは少なくありません[*4]。市場参加者は、このエコシステムで生まれる流動性がみだりに壊されることがなく、維持されるよう、これまでさまざまな工夫を行っています。

債券は国や大企業が発行

債券とローンの違いとして、債券には中古市場が存在する点を紹介しましたが、それ以外には規模の違いもあります。実は、債券を発行して資金調達ができるのは、基本的に日本政府や大企業など、巨大な組織だけです。読者の中には、例えば、家を買うためにローンを組もうと考えている人がいるかもしれませんが、債券を発行しようと考えた人はおそらくいないはずです。個人や中小企業が資金調達をしたい場合、債券の発行という形でなく、銀行からの借り入れ（ローン）という手段が取られます。

そもそも大企業でなければ債券の発行額は大きくなりようがないので、先ほど説明した流通市場で活発に売買されることも期待できません。国のような主体がまとまった金額の債券を発行し、その既発債をさまざまな投資家が売買することから、中古市場（流通市場）に流動性が生まれます。実際、最も市場で流通している債券は国債です。逆にいえば、個人や中小企業にとっては、銀行からの借り入れのほうが適しているというわけです。

＊3　ここには第8章で説明する国債先物取引も含まれています。
＊4　例えば第7章の第3節を参照。

1.3　債券と株式の違いはなにか

違いはリスクの取り扱い

ここまで債券の話をしてきましたが、おそらく多くの人にとっては株式のほうが身近なのではないでしょうか。すでに株式投資をしている人もいるかもしれません。それでは、株式と債券はなにが違うのでしょうか。

そもそも「金融」とは、その名前からイメージされるとおり、「資金の融通」を意味します。すなわち、お金がない人とある人をつなげること、これが金融の機能というわけです。金融ではお金がない人を「赤字主体」といいます。その一方で、お金がある人を「黒字主体」といいます。一般に、家計は貯蓄をすることから黒字主体となり、赤字主体である政府や企業などへ資金が流れます（図表1－3）。

「資金の融通」以外の金融の大切な機能として、金融取引における「リスクの取り扱い」もあります。そして、株式と債券の違いを考えるうえで、「リスクの取り扱い」が重要になります。

再び、読者が会社を立ち上げて、事業をするうえで、100万円、資金調達をしたいケースを考えてみましょう。

前述のとおり、100万円を調達する方法として債券を発行することができます。[*5] 具体的には、読者が100万円分の債券を発行し、その金利が1%であるとしましょう。この場合、読者は100万円の1%である1万円を利子として払い、返済日（満期）に100万円を返済します。

その一方で、資金調達をするために、読者の会社が株式を発行し、投資家に100万円分、出資してもらうという選択肢もあります。株式を発行した場合、その投資家がこの企業の株主（オーナー）になるわけですが、キャッシュ・フローに注目すると、読者の企業は期中に利子ではなく、株主に対

＊5　先ほど債券は大企業が発行するものと説明しましたが、ここではあくまで、わかりやすいように例として用いています。

図表1-3　赤字主体と黒字主体

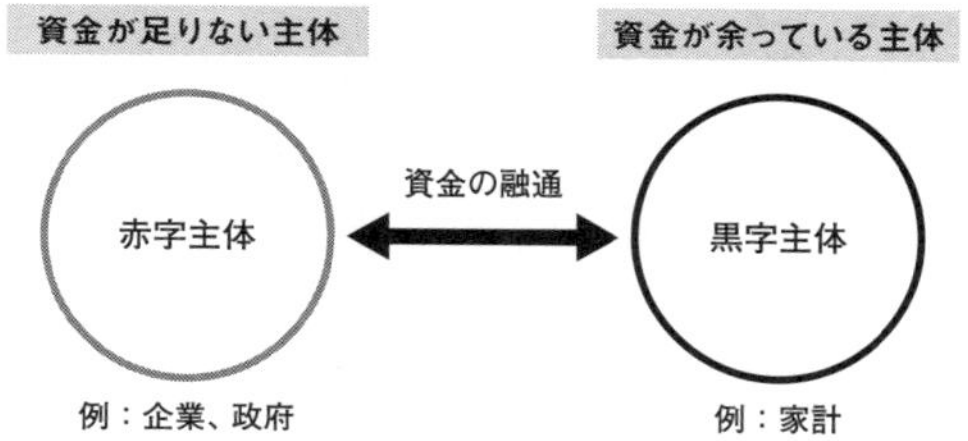

（出所）筆者作成

して「配当」を支払うことになります。

株式の場合、もし事業がうまくいけば、読者の会社は投資家に多く配当を支払いますし、仮にうまくいかなければ、なにも支払わないということもありえます。株式は債券とは異なり、特定の日に償還する必要もありません（株式には満期はありません）。

株主の投資家から見れば、株式は債券と比べると、配当を得られないというリスクがあるものの、事業がうまくいけば債券から得られる利子よりも多くの配当が得られる可能性もあります。リスクを取った分、相応のリターンが期待できるなら株式の投資をする投資家もいるでしょう。

債券はリターンが低いがリスクも小さい

読者の会社が100万円を調達するとき、調達方法としては債券と株式の発行があるわけですが、大切な点は、どちらを用いても調達できる額は100万円だということです。債券で資金調達した場合、その後の事業がどうなろうと、決められた利子を支払わなければいけません。株式の場合、事業が成功したときに高い配当を支払うことになりますが、その一方で、もし仮に読者のビジネスがうまくいかなければ、例えば、配当を支払わないという形で負担を抑えることが可能になります。つまり、債券と株式という調達手段の違いは、読者が事業を行ううえで発生するリスクを、投資家にどのように転嫁するかという違いになるわけです。

このリスクは、仮に企業が倒産した場合、より明確に顕在化します。会社が倒産した場合、まずは株主の投資家が責任を取ります（株式を保有してきた人は投資額が返ってこず、損失を被ることになります）。一方、仮に会社に残った財産（残余財産）があれば、それは債券を持っている人に分配されることになります。

株式は債券に比べて、その仕組み上、リスクが高いのですが、大切な点は、株式に投資する人はそれを前提に投資をしていることです。多くの人は、もしリスクが高ければ、それに見合ったリターンを求めるので、株式に投資した場合、相対的に高いリターンを期待します。その一方、債券は相対的にリスクが低いので、株式よりもリターンが低くても甘受するでしょう。

このように、債券はその商品の成り立ちから、（株式に比べ）リターンが抑えられるものの、損失の可能性も抑えられる金融商品であるわけです。

1.4　国債市場の全体像

ここから徐々に日本国債の話題に移っていきます。まず重要なことは、国債市場の大枠を把握することです。図表1−4は私が大学の講義などで用いる国債市場の概要図ですが、これを用いて国債市場全体の説明をしていきます。

日本の国債市場の全体像を把握するには、まず大きな資金の流れを把握することが大切です。前述のとおり、金融の役割の一つは、資金がない人と資金がある人をつなぐことですが、国債市場の場合、資金調達をしたい主体（＝赤字主体）は日本政府（財務省）です。図表1−4の左側に日本政府（財務省）が記載されていますが、財務省が資金調達をするために国債を発行します。

その国債を購入するのが、図表1−4の右側に位置する投資家（＝黒字主体）です。日本国債を購入する主体は、主に日本国内の銀行や生命保険会社、海外投資家などのプロの投資家です。また、最近では国債を購入する最も重要なプレイヤーとして、金融政策の観点から国債を購入する日本銀行（日銀）がいます（日銀が国債を購入することを「買いオペ」といいます）。

図表1-4　日本国債（JGB）市場の全体像

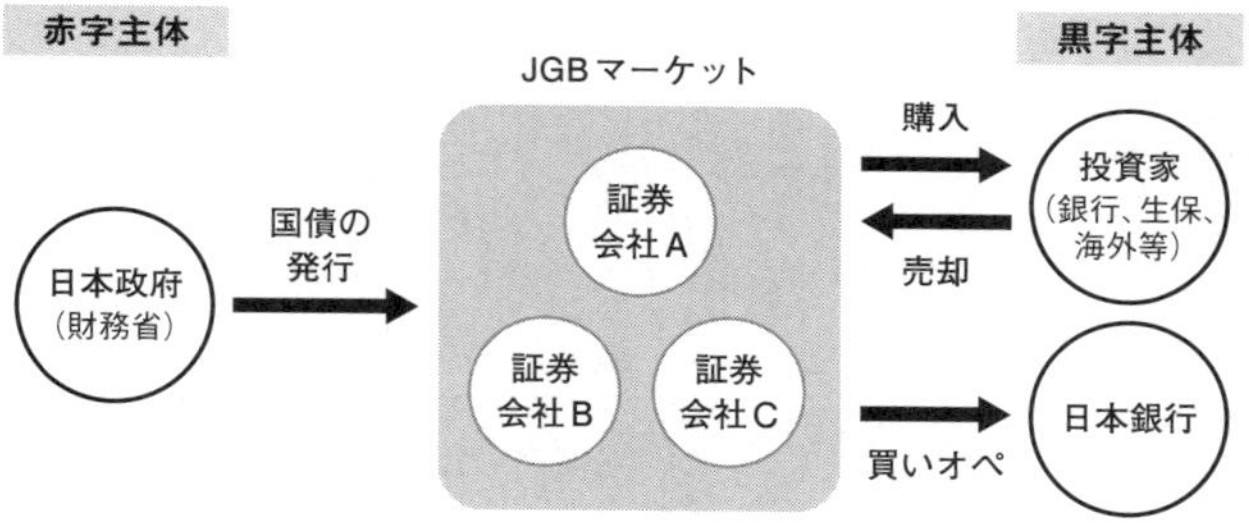

（出所）筆者作成

証券会社は「マーケット・メイカー」

図表1－4は、資金調達のために国債を発行する日本政府（＝赤字主体）が左側に記載されており、右側にその資金を出す投資家と日銀がいますが、この間をつなぐ主体として証券会社がいます。実は、国債市場は証券会社が作っているといっても過言ではありません。

これも大学の講義でよく用いる例ですが、国債も、例えばコンビニのような仕組みで市場が作られています。読者がコンビニのオーナーなら、コンビニで売る商品、例えば、お茶を仕入れてきて、顧客に買ってもらえる価格をつけて販売します。その目的は、安く仕入れてきて、高く販売することで、利益を上げるということです。私たちが日々の生活でコンビニを利用してさまざまな商品が買えるのは、コンビニがこのようにビジネスを展開しているためです。

国債市場も同じです。証券会社は国債を仕入れてきて、それを在庫として保有し、販売します。証券会社の場合、国債などの債券を安く仕入れてきて、それを高く売り、利益を上げることが目的です。このような証券会社が10社以上集まることで、日本の国債市場は形成されています。

国債市場があるということは、読者が国債を買いたいといえばすぐに買うことができ、国債を売りたいといえばすぐに売却できる場所があるということです。この取引を実現するため、証券会社がその取引の相手になります。読者が国債を売りたいのであれば、証券会社がその価格を提示し、それを買う側に立ちます。あるいは、読者が国債を買いたければ、証券会社が価格を提示し、両者がそれに合意すれば、読者が対価を払い国債を受け取ります。証券会社はこのような形で国債市場を作ることから、マーケット・メイカーと呼ばれることもあります。

このような市場は、証券会社と投資家による相対《あいたい》で取引されることから、「相対市場」、あるいは「店頭市場（Over-The-Counter Market, OTC市場）」などと呼ばれます（図表1－5）。

大切な点は、各証券会社が利益を上げることを目的にビジネスを展開する中で、国債が市場で活発に売買されることにより、流動性がある市場が形成されるということです。その結果、本来は観察することが困難である、投資家が売買したい国債の値段、すなわち時価が明らかになるわけです。

国債の場合、日本政府（財務省）が資金調達のために発行しますから、財務省が国債を発行するタイミングで、証券会社は国債を在庫として仕入れてきます。また、必要があればほかの証券会社や投資家から国債を買ってきたり、あるいは一時的に借りるなどして在庫を持ちます。読者が証券会社の立場なら、国債を投資家に売るとき高い価格で売るほど利益が上がります。しかし、ほかの証券会社がライバルであるため、過度に高い価格を提示すると、ほかの証券会社に注文を取られてしまいます。国債市場では、多数の証券会社の間で競争が起きることで、国債の適切な価格形成がなされます。

図表1-5　店頭（相対）市場と証券会社の役割

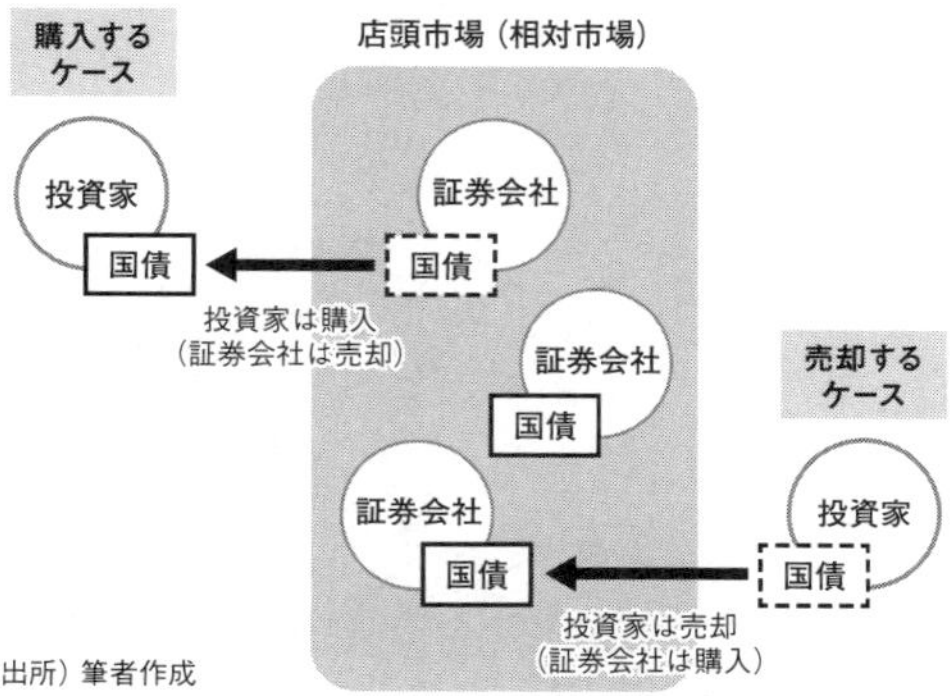

（出所）筆者作成

国債市場は右肩上がりのビジネス

日本政府から見れば、国民に公共サービスを提供す

図表1-6　日本国債の市場規模

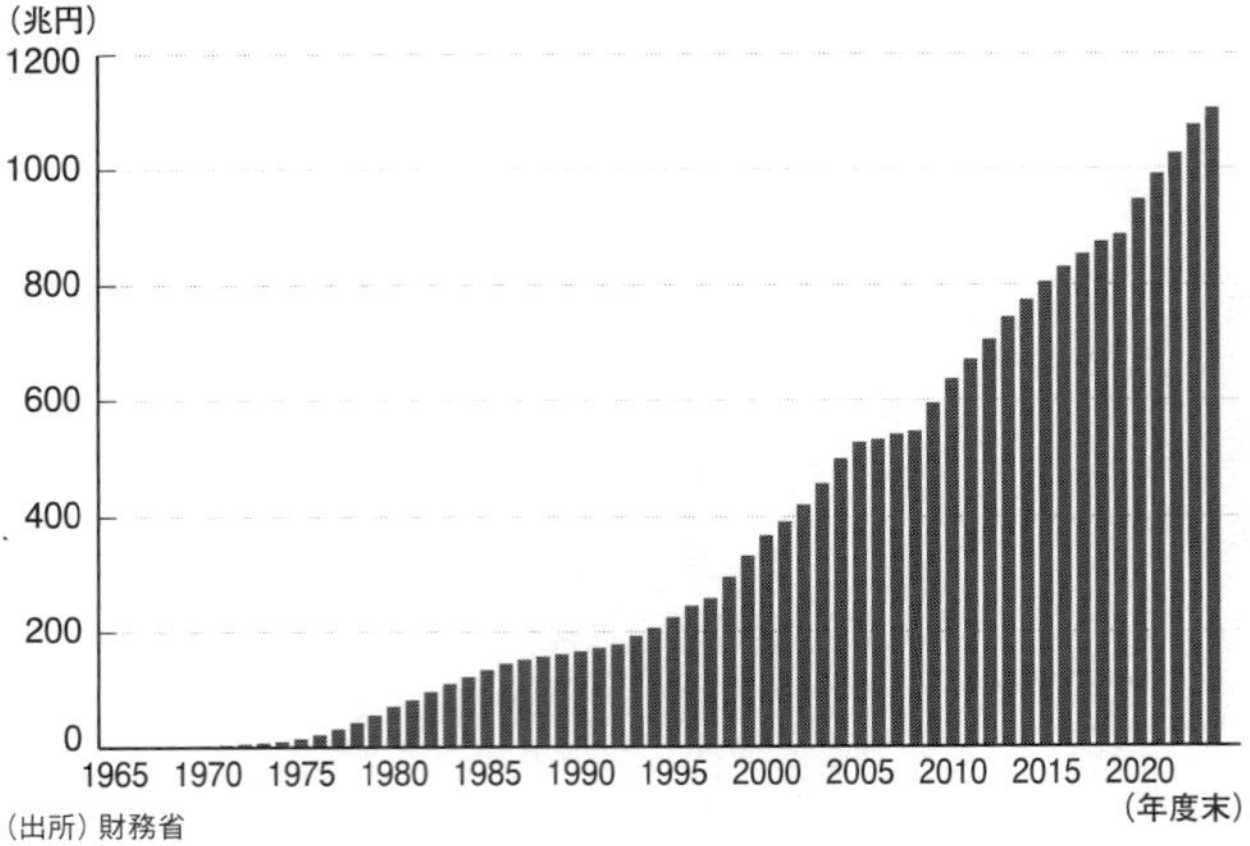

(出所) 財務省

るために資金が足りず、国債が発行されていることになりますが、その一方で、証券会社としてはあくまでビジネスとして国債の売買を行っています。

イメージしにくいかもしれませんが、実は、ビジネス面から見た日本国債市場は非常にエキサイティングです。図表1－6が日本の債務残高（国債の残高）の推移ですが、これは日本国債市場のマーケットの大きさと見ることができます。図表1－6を見ると、国債の残高は一貫して増加しており、おそらく今後も増加していくことが見込まれます。日本でこれくらい右肩上がりの産業もなかなかないのではないでしょうか。投資家や証券会社から見ると、国債市場は巨大なマーケットなので、その中でうまく取引ができれば巨大な利益を得られる可能性もあるわけです。

また、国債ビジネスは、最高の知的ゲームともいえます。国債市場は、金融政策や国際情勢、投資家の行動など、さまざまな情報から複雑な影響を受けます。例えば、証券会社という観点で国債ビジネスを考えれば、アナリストはマーケットを分析し、トレーダーが国債の調達を行いつつリスクを管理するなど、多くの人が異なる役割を果たすことでビジネスを展開します。自分なりに予測を立てて市場に向き合い、それが損益というはっきりした形で成果を感じ取ることができます。端的にいえば、マーケットは面白いのです。

1.5　日本政府から見た国債市場

先ほども言及したとおり、証券会社や投資家は、あくまで利益を上げるために国債のビジネスを行っていますが、日本政府（財務省）は国民への公共サービスなどを行うために財源が必要であるところ、その歳出分を税収で賄《まかな》えないため、不足分を補填するために国債を発行しているわけです。その意味では、国債とは、私たちが日々受けている公共サービスを背後で支えてくれているものです。

国債発行の実務は財務省が担っていますが、財務省としては、利子の支払い額を少しでも減らしたいため、低い金利で調達したいと考えています。その一方で、繰り返すようですが、国債のマーケットを形成する証券会社や投資家は、メリットがなければ国債を購入しません。

特に、流通市場（中古市場）では、すでに発行された中古の国債が売買されています。投資家は財務省が新たに発行する国債ではなく、その中古の国債を買うこともできます。したがって、中古の国債に高い金利が付されていたら、財務省が低い金利で新たな国債を発行したいといっても、その国債を誰も買わないわけです。財務省が新たに国債を発行するには、中古市場で取引される国債に収益面で負けない国債を発行することで、投資家に購入してもらえるようアピールする必要があるわけです。

実際、財務省は市場参加者のニーズを把握したうえで国債を発行する計画を立てています。財務省の国債発行計画の歴史を紐解《ひもと》くと、かつては国債の発行額がそれほど大きくなかったことから、銀行などと相対で交渉することで、国債を買ってもらっていました。もっとも、1990年代以降、国債の発行額が増加する中で、より市場参加者の意見を重視する必要が高まりました。そのため、徐々に、市場参加者の意見を取り込みやすい入札（オークション）による発行へシフトしていきました。今では基本的にオークションにより国債は発行されています。*6

1.6 国債市場の投資家は誰か

日本国債市場はプロの投資家による市場

国債市場の重要な特徴は、その主軸が個人の投資家ではなく、プロの投資家である点です。運用規模の大きいプロの投資家を「機関投資家」といいます。特に、国債市場では、銀行や生命保険会社など国内の機関投資家のプレゼンスが高いことが特徴です。もちろん、個人に向けた商品もあるのですが、その発行額は少なく、国債の主要な保有者は機関投資家です（「個人向け国債」については、「おわりに」で説明します）。私たちが国債をあまり身近に感じない理由は、国債の投資そのものが個人ではなく巨大な機関投資家によって行われていることもあります。

しかし、銀行や生命保険会社といった機関投資家の資金の元手は、結局、私たち個人が有す

＊6　国債以外の債券は、主に「アンダーライティング（引き受け）」と呼ばれる方法で発行されます。この方法は、債券発行において、証券会社が投資家に販売するために債券を取得し、仮に投資家に販売できない場合には残りを取得するものです。

る資金です。生命保険などに入っている方も少なくないと思いますが、私たちが支払った生命保険の保険料を元手に、生命保険会社がその運用先として国債を選んでいるのです。銀行預金についても同様に、私たちの預金を元手に、銀行が国債に投資しています。

日銀のプレゼンスの高まり

国債の投資家（保有者）という観点で、現在、最も重要なのは中央銀行である日銀です。図表1－7は2023年末時点で、誰が日本国債を保有しているか、その割合を示す図ですが、日銀が国債の半分程度を保有していることがわかります。なぜ、日銀が国債を大量に保有しているかというと、日銀は2013年からいわゆる量的・質的金融緩和政策を実施しており、国債を大規模に購入する政策を開始したからです。

したがって、2013年以降、日本国債市場や金利の動向を考えるうえで、日銀の金融政策が最も重要であるといっても過言ではありません。株式や為替市場という観点でも日銀の行動を理解することは大切ですが、本書では3章分を使って日銀の金融政策について説明します。

「国債村」と呼ばれる日本国債市場

図表1-7　国債の保有者別内訳

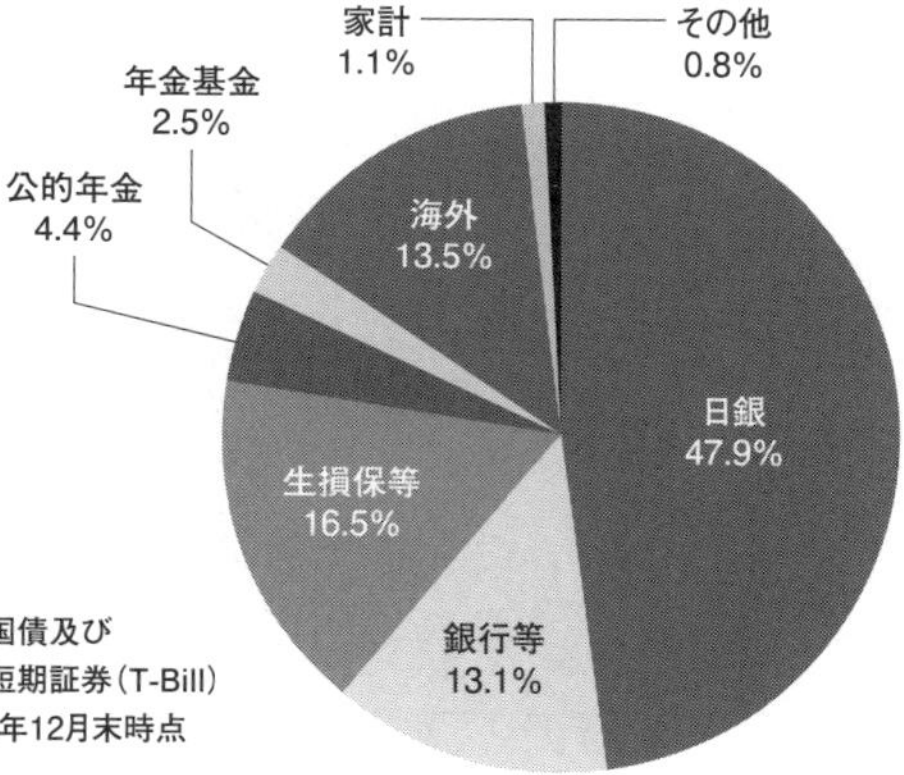

(注)国債及び
国庫短期証券(T-Bill)
2023年12月末時点

(出所) 財務省

日本国債市場は機関投資家中心と述べましたが、外国人投資家が少ないのも特徴です。歴史的には、日露戦争時、日銀副総裁の高橋是清《これきよ》がロンドン市場に行き、ユダヤ人の投資家であるジェイコブ・シフを説得して、資金調達をした話は有名です。その意味でかつて日本国債は外国人投資家を中心に販売された時期もあるのですが、現在の日本国債は80%以上が国内投資家に保有されています。

注意する必要があるのは、前述のとおり、国債には中古市場（流通市場）があるので、外国人投資家が日本国債を購入するメリットが増えれば、今後、海外投資家からの投資が増えていく可能性があることです。実際、図表1－8に示されているとおり、近年、日本国債を保有す

図表1-8　外国人による日本国債保有のシェア

（出所）日本銀行

る外国人投資家の割合は増加傾向にあります。

しばしば国債市場は「国債村」と呼ばれ、ある種、クローズドな世界とされます。この事実を初めて私が知ったとき、大変驚きました。なぜかというと、国債のようにすでに1000兆円以上の規模を有する金融商品は、幅広い投資家に投資されているはずだと考えていたからです。

村社会とされる背景には、前述のとおり、外国人投資家が少ないこともありますが、これに加え、日本では個人金融資産に占める預金の割合が高いことから、金融システムにおける銀行のプレゼンスが高く、メガバンクのような巨大な金融機関が存在することが挙げられます。特に、1990年代のバブル崩壊以降、低金利環境や不況の中で、銀行にとって優良な貸し出し先を見つけるのは必ずしも容易ではなかったことから、国債発行額が増える中、銀行が国債への投資を増やしていきました。例えば、メガバンクの三菱ＵＦＪフィナンシャル・グループは、２０２４年3月末時点で、貸し出しが約１１7兆円であるところ、有価証券運用が約87兆円あり、そのうち国債は約36兆円に及びます。

日本国債の世界は村社会とされていますが、債券ビジネス自体も、金融の中でもマニアな世界とされています。実は、証券会社に勤めても、国債などの債券ビジネスに関わる人はごく一部です。証券会社には債券ビジネスに特化した部隊があり、巨大な投資家を中心にビジネスを行うので、それほど人員が必要ないともいえます。しかも、証券会社は専門化が進んでおり、社内での異動も少ないことから、非常にクローズドな世界になりがちです。私の知り合いでも、新卒で債券部門に配属されてからずっと債券ビジネス一筋という人も少なくありません。

このように実務の世界で「村社会」といわれる国債市場ですが、この国債は公的なサービスを裏側で支えているものです。また、資産運用という観点で見れば、株式に対してリスクの抑えられた金融商品という側面もあります。したがって、次章からは国債への理解を深めるために、債券や金利の基礎について議論を進めていこうと思います。

第2章　国債（債券）に関する基本

2．1　金利についての考え方

年限によって金利が異なる

本書ではできるだけ具体的に国債市場について議論していきたいのですが、その前に、前提となる債券の基礎について説明します。その理由は、国債市場を理解するうえで、どうしても最低限の債券や金利の知識が必要になるからです。ここから説明することは、金融機関に入ったら研修などで習う債券や金利の基礎です。大学で金融論の講義を受けても、この章で取り扱う内容はカバーされます。そのため、資産運用などを考える人には必ず理解しておいてほしい内容です。

前述のとおり、国債は、将来にわたる資金の流れ、すなわち、キャッシュ・フローが確定している点が特徴です。これに加え、年限（満期）がある点も重要な特徴です。例えば、読者が銀行から借り入れをする場合、1年間借り入れをしたいと考えることもあれば、10年間など、長い期間の借り入れをしたいと考えるかもしれません。それと同様に、日本政府や企業が債券を発行する場合、1年後を返済日（満期）とする債券も発行できますし、満期を10年後とすることもできます。前者は1年債、後者は10年債と呼ばれます。

大切な点は、1年債と10年債で、その金利が異なる点です。読者が1年間銀行からお金を借りるのと、10年間借りるのでは、金利は違うだろうと想像できるでしょう。新聞やテレビなどで国債の金利について目にする際は、通常、10年債の金利（10年金利）を指しています。10年金利はもっとも代表的な金利であり、「長期金利」といわれる場合もあります。

まずはデータを見てみましょう。図表2－1は日本国債の1年金利と10年金利の推移を示したものです。読者も日本の金利は長年低位で推移しているという印象があると思いますが、1年金利は1990年代半ばからほぼ0％で推移し、10年金利は、2016年くらいまでは基本的に低下トレンドであり、近年少し上昇傾向にあることがわかります。

図表2-1　国債の1年金利と10年金利の推移

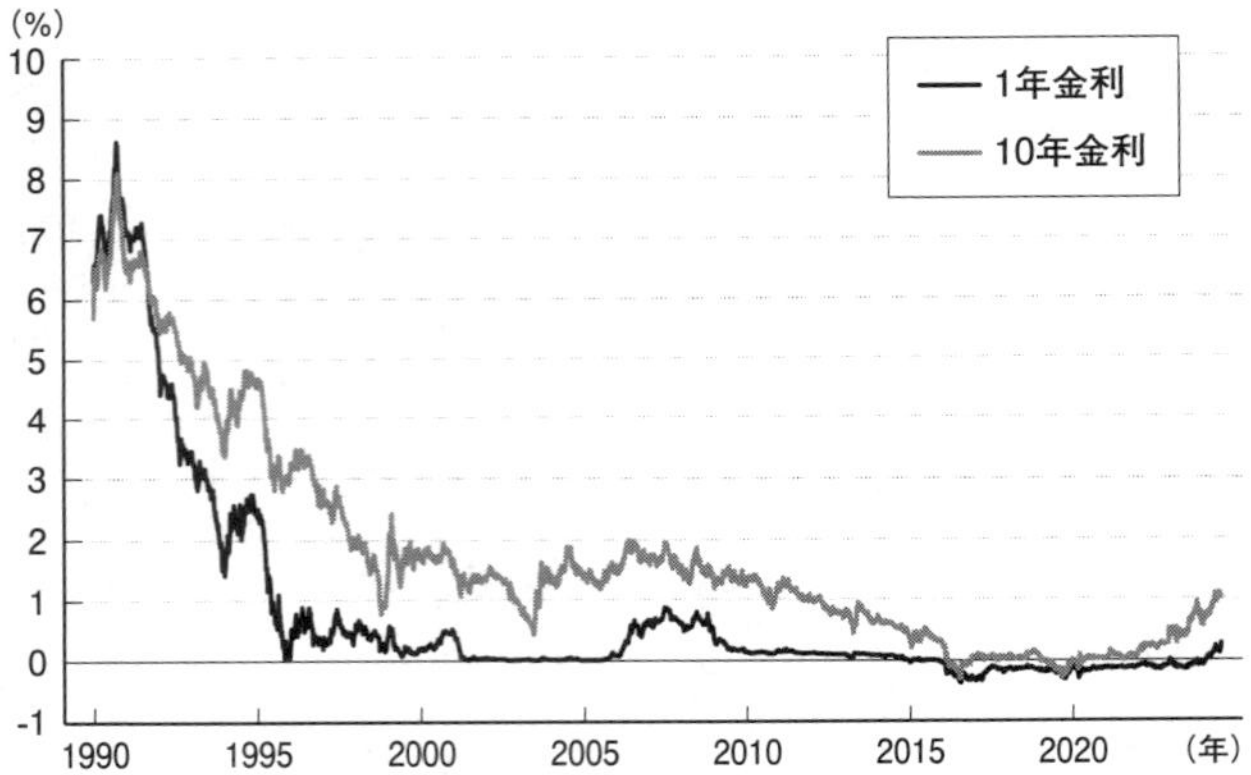

（出所）財務省資料をもとに筆者作成

国債のキャッシュ・フロー

できるだけ具体的に議論を進めたいため、例えば、読者が1年債の購入を検討しているとしましょう。前述のとおり、1年債とは現在、財務省が債券を発行した場合、1年後に償還を迎える債券です。

債券を考える場合、その債券がどのような収入・支出をもたらすか（どのようなキャッシュ・フローを有するか）を把握しておくことが大切です。ここでは1年債を考えたいのですが、それを購入した場合のキャッシュ・フローを示したものが図表2－2です。

この図において、上向きの矢印は読者（投資家）が受け取るキャッシュ・フロー、下向きの矢印は、読者が支払うキャッシュ・フローである点に注意してください。この図を見ると、現時点において、下向きの矢印が100円であるので、まず、読者が100円支払うことを意味しています。1年後に、クーポン（利子）が1円得られ、さらに、投資した額である100円が返ってくることになります。*7

ここでは100円を軸に考えましたが、実際には国債を100円で買うことはできません。もっとも、債券の実務では、100円という基準化された価格を軸に考える商慣行があり、説明のわかりやすさの観点から、100円を軸に考えていきます（100円に基準化された価格を「単価」といいます）。

図表2-2　1年債のキャッシュ・フロー

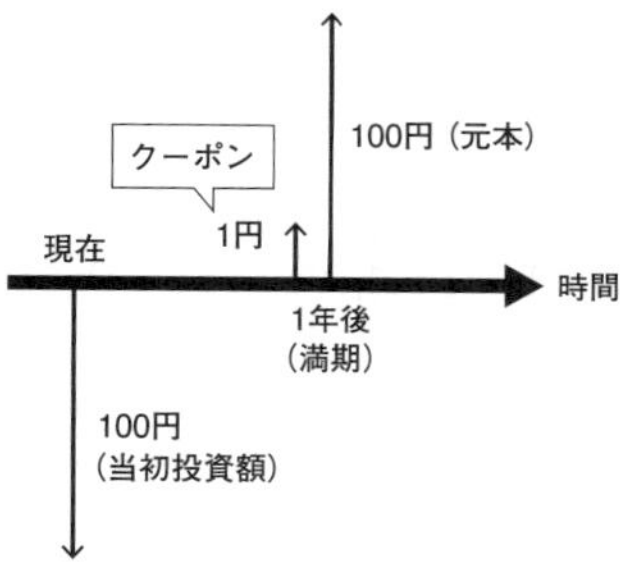

（出所）筆者作成

金利が上がると価格が下がるのはなぜか

読者に考えてほしいのは、図表2-2のように、1年後、1円と100円返ってくる1年債を100円で購入

*7　日本国債のクーポンは通常年2回払いですが、本書では単純化のため年1回払いで説明します。

するのと、101円で購入するのとではどちらが儲《もう》かるかということです。あまりに当たり前の話ですが、100円で購入すれば、1年後、利子を1円受け取り、元本が100円返ってきます。結果、(利子と元本をあわせて)101円が得られることとなり、年率で1%のリターンとなります。

その一方で、この債券を101円で購入してしまうと、101円で購入したものが、(利子と元本をあわせて)101円で返済されるため、リターンは0%です。

ここからわかることは、同じキャッシュ・フローの債券を高い価格で買った場合、そのリターンが低くなるということです。債券の世界では、債券の投資から得られるリターンを「金利」や「利回り(イールド)」ということから、債券価格が上がれば、リターン(金利・利回り)は下がることになります。債券を勉強する際、金利が上がると価格は下がること、すなわち、金利と価格が逆の動きをすることを理解するのは難しいとされますが、高い値段で買うと、リターンが下がると考えれば当たり前に感じられるはずです。

これは債券だけでなく、ほかの資産についてもいえます。例えば、購入した不動産を貸し出して家賃収入を稼ぐ不動産投資の事例を考えてみましょう。*8 この場合も、ほかの条件を一定にして、高い価格で不動産を買えば、この不動産投資から得られるリターンが下がることは明らかです。投資対象となるものの価格が上がったら、（その他が一定なら）リターンが下がることはあらゆる資産でいえることです。

なお、本書でも「金利」と書く場合、利子（クーポン）を意味するのではなく、債券のリターンを指す点に注意してください。また、金利は年率である点にも注意してください。

新聞などで目にする「金利」は中古市場で決まる

私たちは日々、新聞などで「金利」という言葉を目にしますが、流通市場で取引されている国債の価格からリターンを計算したうえで、それを「金利」と呼んでいます。「本日、金利が上昇した」というニュースが意味していることは、すでに発行された国債が、流通（中古）市場で価格が下がることで、国債に投資するリターン（金利）が上がったということです。流通市場では国債は常に取引可能であるため、1日の中でも金利は大きく変化する可能性があります。

＊8　ここではわかりやすさの観点から不動産投資を例にしており、不動産投資を推奨しているわけではない点に注意してください。

ここで注意してほしいのは、金利（リターン）の動きと価格の動きは、どちらかが先に動いているわけではなく、「金利と価格は表裏一体で、同時に決まっている」という点です。先ほどのロジックを思い出してもらえれば、価格が上がることにより読者は当該資産を高い値段で買わなければいけないため、リターン（金利）は下がることがわかります。新聞の紙面では「金利が上がって、価格が下がる」などと書かれますが、実際には価格が上がる（下がる）ことは、すなわち、リターン（金利）が下がる（上がる）ことなので、両者は同時に動いています。便宜上、「金利が上がって、価格が下がる」などの表現が普及していますが、あくまで金利と価格は同時に決定されている点に注意してください（本書でも便宜上、そのような表現を用います）。

2．2　国債の年限

債券は将来のキャッシュ・フローが確定しているという意味で、株式より不確実性が少ないといえますが、その一方、さまざまな年限（満期）の債券がある点が特徴です。例えば日本国債については、年限が1年以下の債券から、40年の債券まで発行されており、1年以下を「短期国債」、2～5年を「中期国債」、10年を「長期国債」、10年超を「超長期国債」と呼びます。

図表2-3　主な日本国債の種類　（出所）筆者作成

種類	内容	
40年債	満期40年の固定利付債	超長期国債（10年超）
30年債	満期30年の固定利付債	超長期国債（10年超）
20年債	満期20年の固定利付債	超長期国債（10年超）
10年債	満期10年の固定利付債	長期国債（10年）
5年債	満期5年の固定利付債	中期国債（2～5年）
2年債	満期2年の固定利付債	中期国債（2～5年）
物価連動債	満期10年で、元本が物価に連動する利付債	
1年 T-Bill	満期1年の割引債	短期国債（～1年）
6か月 T-Bill	満期6か月の割引債	短期国債（～1年）

図表2-4　10年債のキャッシュ・フロー　（出所）筆者作成

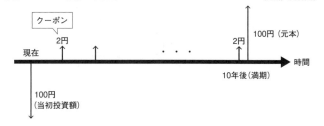

図表2-3は主な日本国債の種類を示しています。

例えば、10年債の場合、クーポンが2円（100円に対して2%）であれば、1年後に2円、2年後に2円、と毎年、事前に決まった利子（クーポン）を得て、10年後に元本の100円とクーポンの2円を受け取るというキャッシュ・フローになります（図表2-4）。

イールドカーブ：年限と金利の関係

大切な点は、1年債と10年債ではそれぞれ異なる金利がつくことです。私たちが1年間借り入れをするのと、10年間借り入れをするのとでは、当然、負担しなければならない金利が違うわけです。

債券の面白い点は、当たり前に感じられるかもしれませんが、時間の経過とともに年限が短くなるということです。今日、10年債を財務省が発行しても、1か月たったら償還日までの期間は約9・9年になるため、9・9年債になります。さらに1か月たつと9・8年債になります。

図表2-5　イールドカーブ

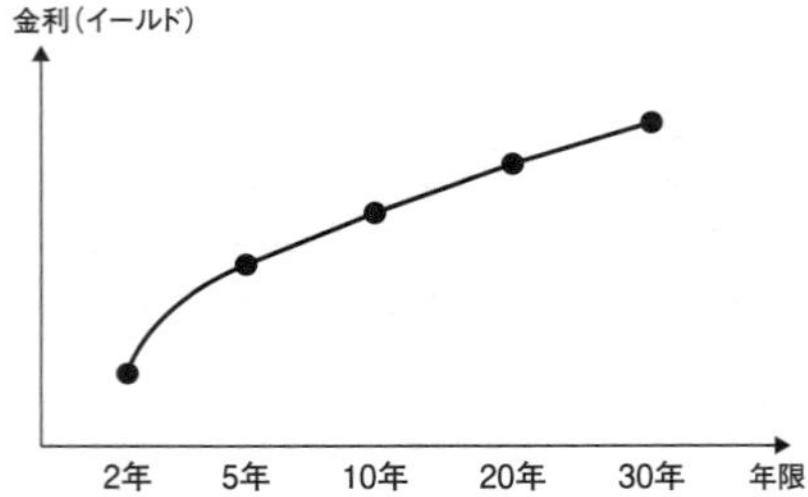

（出所）筆者作成

財務省は定期的に10年債や20年債などを発行していますが、時間の経過とともに個々の債券の年限は短くなりますから、国債市場にはさまざまな年限の国債が存在することになります。そして、それぞれの国債から金利が計算できるので、投資家から見ると、無数に年限の違う債券が市場で取引されており、それぞれ違う金利が計算できるという状況が生まれます。

図表2-6　イールドカーブの変化

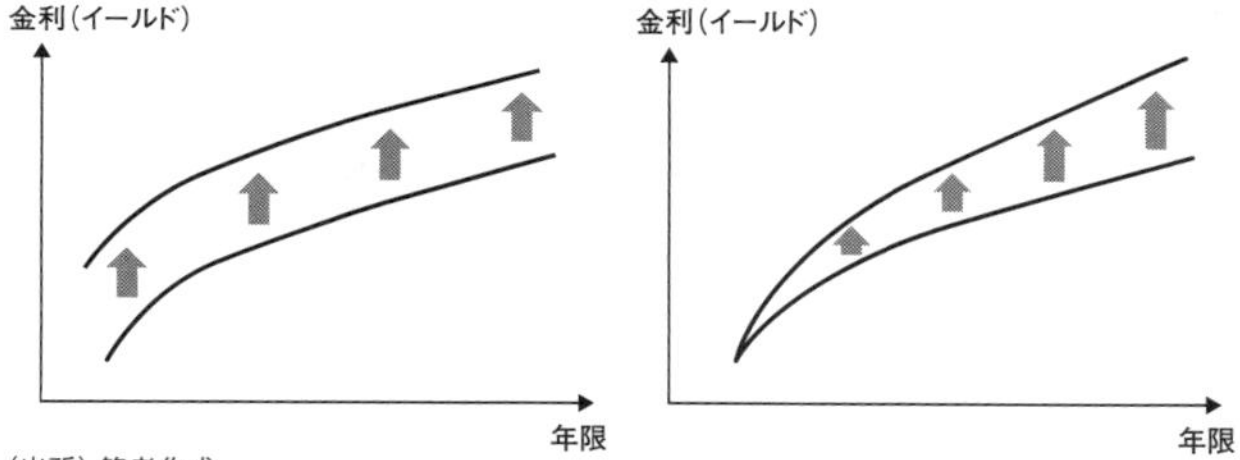

（出所）筆者作成

膨大に異なる年限の国債があり、それらの金利をそのまま見ていても、市場の動きを理解するのは困難です。実際それぞれの国債の金利は毎日流通市場で売買され、変化しており、それらは個別に理解しづらいですし、どのような動きがあったかを把握するだけで大変です。

したがって、実務家は、図表2-5のように、縦軸に金利、横軸に年限を取って、金利と年限をプロットし、そのうえで、スムーズなカーブを描くことで、金利と年限の関係を把握しています。利回りを英語で「イールド」と呼ぶことから、このカーブをイールドカーブ（利回り曲線）といいます。

先ほど、日々、国債の価格（金利）が変化すると説明しましたが、実務家はイールドカーブがどのように変化したのかを見て、価格・金利の変化を把握しています。金利が上昇したといっても、例えば、図表2-6の左図のように、短期から長期まで全体的に金利が上昇しているケースもあれば、図表2-6の

図表2-7　順イールドと逆イールド

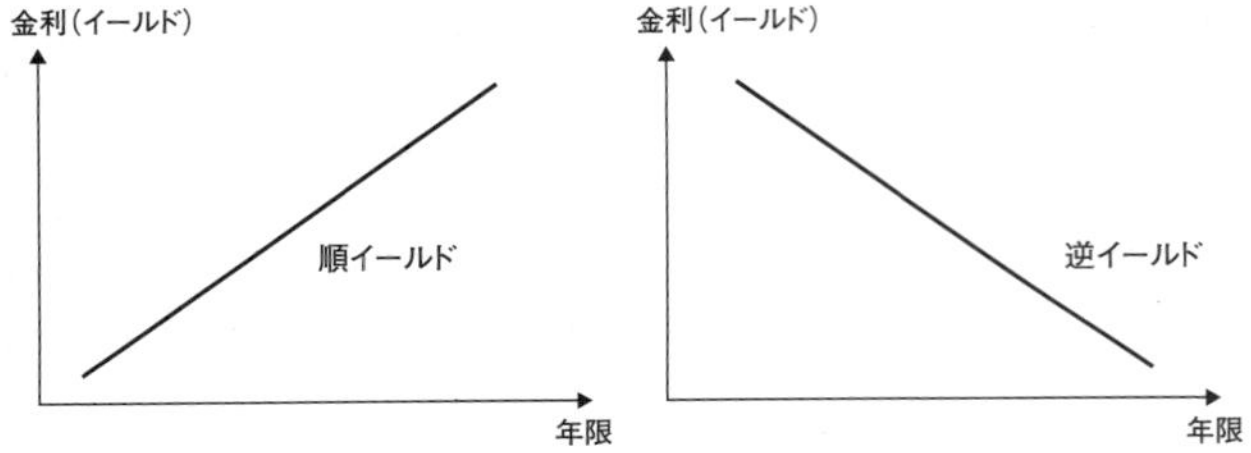

（出所）筆者作成

右図のように長期金利が特に上昇しているというケースもあります。年限が近い国債同士の金利変化は、ほとんどの場合似た動きになることが多いため、イールドカーブを意識しながら国債の金利変化を追うことで、国債市場全体の動きをより直感的に把握できるようになります。

イールドカーブは右肩上がりとは限らない点にも注意が必要です。日本では図表2－7の左図のように、基本的に右肩上がりのイールドカーブが見られ、これを「順イールド」といいます。もっとも、米国債では短期金利のほうが高く、図表2－7の右図のようになることも少なくありません。これを「逆イールド」といいます。市場参加者はこのようにイールドカーブを描き、各年限の国債の金利がどのように動くかを把握しています。イールドカーブがどのような要因で動くかは後述します。

2.3　国債のリスク

デュレーション：長い年限の債券は金利リスクが高い

投資を考えるうえで、リターンだけでなく、そのリスクを理解することも重要です。読者が資産運用を考える際にも、単に期待リターンが高いかだけでなく、そのリスクがどの程度かということも考慮したいはずです。

読者に注意を促したい点は、金融全般において「リスク」とは、価格の変動そのものを指しており、単に損をする可能性を示しているわけではないことです。リスクは、価格が上がることもあれば、下がることもあるという価格の「変動」に立脚した概念です。したがって、リスクが高いというのは、価格の変動は大きく、儲かる可能性も損する可能性も大きいことを意味します。この変動を「ボラティリティ」と表現することもあります。

国債に投資する際、その主要なリスクは「年限」です。市場参加者は、このリスクを、金利が変動することに伴うリスクという意味で、「金利リスク」と呼びます。具体的には、投資家は、1年債より10年債のほうが価格の変動が大きいと考えています（繰り返すようですが、価格低下だけではなくて、価格上昇も含んでいます）。

このような年限に立脚したリスク指標を、専門用語で「デュレーション」といいます。初学者はひとまず、「債券のデュレーション≒債券の年限」と把握してもらってかまいません。[*9] 金融の実務においてリスク指標にはさまざまなものがありますが、市場参加者が最初に学ぶ概念がデュレーションといえます。

実際、市場参加者は、国債の「年限（デュレーション）」の大きさで、金利リスクを把握しています。例えば、1年債に比べ、10年債のほうが、約10倍の金利リスクがあり、10年債に比べ、20年債は約2倍、金利リスクがあると考えます。年限が長くなると、その分だけリスクが高いと考えるのです。

具体的には、市場参加者は、金利が動いた場合、おおむね年限に比例して価格が変化するという事実を頭に入れています。例えば、同じ1％の金利上昇でも、2年債の金利が1％上昇した場合、約2％（＝1％×2）だけ価格が低下します。10年債の金利が1％上昇した場合は、約10％（＝1％×10）価格が低下するという形です。

長い年限の国債には大きな価格変動がある

年限の長い国債は相対的に金利リスクが高いことを把握するため、実際のデータを見てみま

図表2-8　2年債・10年債・30年債の価格の動き

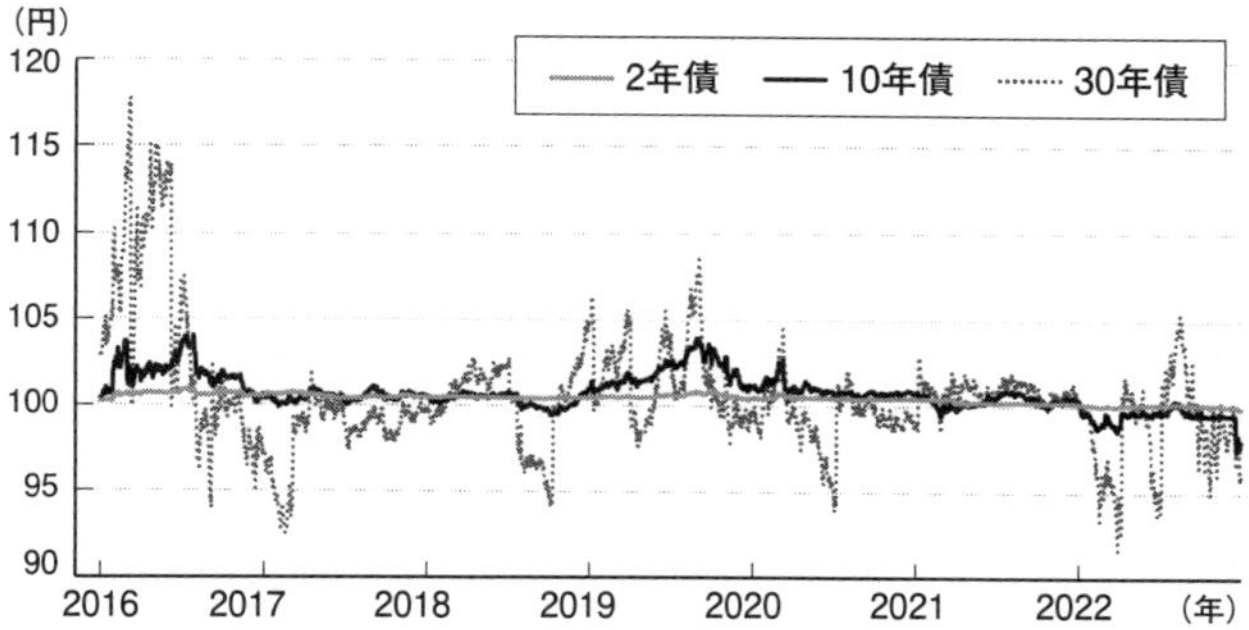

(注) これはカレント銘柄の単価をつないで時系列データにしている点に注意してください。クーポンが違うと単価の水準が違い、銘柄が変わる点で非連続的な動きをしますが、ここでは単価の変動が大きいこと自体を見せることを目的としています。カレント銘柄については『日本国債入門』を参照。

(出所) Bloombergをもとに筆者作成

しょう(なぜ年限と価格変動がリンクするかというロジックを知りたい読者は本章の補論を参照してください)。図表2-8は、2年・10年・30年債の価格の動きを示しています(金利ではなく価格の動きである点に注意してください)。

ここから一目瞭然ですが、2年債の価格の動きはほとんどありませんが、30年債の価格はかなり大きく変化していることがわかります。これを見ると数か月で5%くらい価格が上下することもあることがわかります。国債の発行額の規模は大きいですから、この動きがいかに激し

＊9　デュレーションの厳密な議論は、拙著『日本国債入門』(2023年、金融財政事情研究会)の第4章を参照してください。

いかが想像できると思います。このことからわかるとおり、長い年限の国債には、高いリスクがあり、市場参加者は、これを金利が変化することによるリスク（金利リスク）と捉えます。

繰り返しますが、リスクという表現から損失方向に意識が向きがちですが、リスクとは、「変動」の概念です。したがって、リスクを取ることで、損をする可能性があるものの、利益を得る可能性もあるということを理解しておくことが大切です。

「金利」はあくまで最後まで持ち切ったときのリターン

債券には、価格の変動がありますから、（簡単なことではありませんが）安いときに購入して高いときに売れば利益を上げることができます。特に図表2－8を見れば、30年債など長い年限の国債は価格の変化が大きいことから、利益を上げる機会は多いともいえます。例えば、ある国債の金利が1％であっても、その後、その国債の価格が上がり、そのタイミングで売却することができれば、1％以上のリターンを上げることができることを意味します。実際に、国債の取引で莫大《ばくだい》な利益を上げる投資家もいます。

逆にいえば、金利とは、あくまで国債を満期まで持ち切ることが前提のリターンであるということです。先ほど、10年国債の金利が2％の事例を考えましたが、（100円に対し）毎年2

円ずつもらえ、最後に100円で償還されるから、(年間)2%のリターンになるわけです。

しかし、例えば、金利2%の10年債を100円で購入し、その後、1年ほど経過し、価格が2円上昇し、102円になったとしましょう。この上昇したタイミングで購入した国債を売れば、利子を2円もらえ、さらに100円で購入した国債を102円で売却することができるため、合計4円の利益(4%のリターン)ということになります。金利2%の国債を保有していても、このように途中で価格が上昇すれば、金利以上のリターンを得られる可能性があるわけです。

一方で、読者が国債を購入した後、価格が下がったとしましょう。仮に売却するつもりがなくても、購入後に市場価格が低下したら、そのときの市場価格で損益を評価します。これを「評価損」といいます(例えば、読者が100円で国債を購入した後、99円に価格が下がった場合、1円の評価損を抱えている状態です)。その一方で、債券の特徴は、その発行体である国や会社が破産しなければ、最後は100円で償還されるため、市場参加者の中には、債券は最後まで持ち切れば、損失は限定されていると考える人もいます。この点については後ほど、別の角度から議論します。

図表2-9　1年債を10年間ロールして投資していく

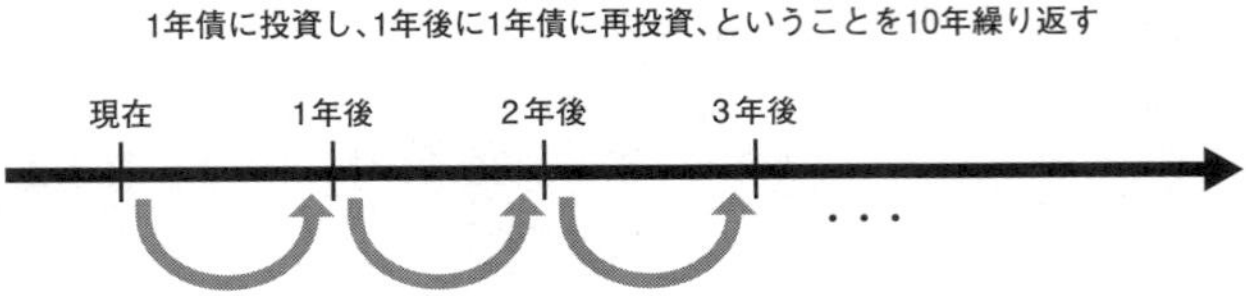

（出所）筆者作成

2.4　イールドカーブの読み取り方

10年間の運用：1年債のロールか10年債か

ここからイールドカーブがどのように決まるかを考えていきます。例えば、読者が10年間の投資をしたい場合、10年債へ投資するというのも一案です。その一方で、1年債へ投資して、償還した金額をまた1年債に投資するということを繰り返していく、すなわち、1年債をロールしていくということもあります。この例を考えれば、短期金利と長期金利の関係、すなわち、イールドカーブの形状がどのようにして決まるのかも理解できます。

1年債のロールの流れを整理しましょう。1年債のロールでは、図表2－9のように1年債へ100円投資して、1年後に1年債が満期を迎え、利子と100円を受け取ります。この100円を使って、また1年債に投資します。[*10] 2年後また利子と100円を受け取るので、再度1年債へ投資します。これを10年間繰り返すということです。

この投資のポイントは、現在の1年債の金利は、現在の国債市場で取引されている価格により決まるため、現時点で把握できますが、1年後の1年金利は、1年後の国債市場で取引されて決まるため、1年後にならないとわからない点です。まったく同じ理由で、2年後、再度、1年債に投資する際においても、2年後の1年債の金利は、2年後になってみないとわかりません。したがって、この1年債を10年間ロールした場合のリターンは、将来、再投資する1年金利の動きに大きく依存するということです。

一方、10年債への投資はどうでしょうか。前述のとおり、10年債への投資とは10年間、キャッシュ・フローを確定させる行為です。繰り返すようですが、金利1％の10年債であれば、毎年1円の利子がもらえて、10年後に利子と元本で101円受け取れることが確定しています（10年間で得られる利子の合計は10円です）。したがって、10年間投資したい場合、10年債を購入することにすれば、将来のキャッシュ・フローに不確実性はないわけです。

＊10　受け取った利子を再投資した場合のリターンを複利といい、再投資を考えないリターンを単利といいます。ここでは単純化のため、単利を想定した説明をしています。

読者が10年間の投資をしたい場合、どちらに投資することも容易です。証券会社に電話をして、1年債を買いたいと注文を出すか、10年債を買いたいと注文を出すかにすぎません。10年債の投資の場合、将来のキャッシュ・フローは確定しているものの、1年債のロールのリターンは将来の1年金利の動向次第です。どちらが望ましいでしょうか。

一物一価の法則と裁定取引

「10年債の投資」と、「10年間にわたる1年債投資のロール」は、資金全体の流れを考えれば、財務省に10年間お金を貸し出すことに変わりはありません。したがって、まず一つの考え方として、両者は同じような投資だと考えることができます。もしこの二つの選択肢が「どのみち国債に10年間投資するのだから同じだ」と考えれば、両者のリターンは同じになるはずです。同じものには同じ価格がつく、という考えを経済学では「一物一価の法則」といいます。

なぜ同じものには同じ価格がつくかというと、同じものにもかかわらず違う価格がついていれば、安いものを買ってきて、高く取引されている市場で売ることにより利益を上げることができるからです。このような取引を「裁定取引（アービトラージ）」といいます。

もし投資家が同じものに違う価格がついていることを認識すれば、安いものを買って、高いものを売るという形で、超過収益がある限りこの裁定取引を続けるはずです。したがって、この取引が活発になされることにより、安いものは買われて値段は高くなる一方、高いものは売られて値段は安くなります。次第に両者の価格は収れんし、超過収益はなくなってしまうわけです。「一物一価の法則」が働くのは、マーケットで多くの投資家が十分な裁定取引をするからです。

長期金利の成り立ち

先ほど指摘したとおり、「10年債の投資」と「1年債のロール」という二つの選択肢について、「どのみち日本政府に10年間貸し出すのだから同じだ」と多くの投資家が考えるなら、「10年債の投資」と「1年債のロール」は同じリターンを生むことになります。なぜなら、両者が似た投資であれば十分な裁定取引がなされ、両者のリターンが一致するからです。

「10年債の投資」と「1年債のロール」は同じリターンとしましたが、再び、「1年債のロール」を思い出すと、将来の1年金利は現時点ではわからないわけです。1年後の1年金利は1年後にならなければわかりませんし、2年後の1年金利は2年後にならないとわかりません。

したがって、「10年債の投資」と「1年債のロール」のリターンが同じということは、10年債の金利と、「10年間にわたる1年債ロールの予測金利の平均」が一致するということです。さらに一般的には、10年債の金利には市場参加者による向こう10年間にわたる短期金利の予測が集約されていると考えることができます。

長期金利＝予測短期金利の平均

このような文脈で見ると、長期金利というのは、将来の短期金利に関する予測の集合体というイメージなわけです。新聞やテレビなどで「長期金利」というと10年国債の利回りを指すことが多いですが、ここでの「長期金利」は10年金利や20年金利など、さまざまな金利を指している点に注意してください。

10年金利が将来の短期金利の予測の集合体であるとすれば、10年金利の動きは、将来の短期金利に関する予測が変化したという形で説明できます。例えば、日銀の金融政策の変更に関する新聞報道が出て、市場参加者が、将来、短期金利が上がると予測を変更したとしましょう。この場合、「長期金利＝予測短期金利の平均」という関係から、10年金利が上昇することになるわけです。

リスク・プレミアムの存在

「長期金利＝予測短期金利の平均」という関係を導くうえで、先ほど、「10年債の投資」と「1年債のロール」は同じリターンを生むと想定しました。もっとも、これはそれほど自明でしょうか。

例えば、投資家は、高いリスクを取るなら、その分高いリターンが欲しいと考える傾向があります。そして、前述のとおり、長い年限の国債には、その分高い金利リスクがあります。そうであれば、「10年債は金利リスクが大きいので、10年債に投資するなら、1年債のロールよりリターンが高くなければ投資したくない」と考えるかもしれません。この場合、「1年債のロール」に比べて、10年債の金利はそのリスクを反映し、追加的なプレミアムが付されると考えるのが自然でしょう。このような考え方に立てば、長期金利は「短期金利の予測の集合体」にリスク・プレミアムが付された、次のような形になります。

長期金利＝予測短期金利の平均＋リスク・プレミアム

ちなみに、ここでのリスク・プレミアムは年限が長いことに伴うリスクであることから、「ターム・プレミアム」という表現が用いられることもあります。

投資家の需要や国債の供給の影響

私の理解では、市場参加者はまずは「長期金利＝予測短期金利の平均＋リスク・プレミアム」という関係で長期金利の動きを理解しています。その一方で、マスメディアの報道や市場参加者のレポートなどを見ると、金利の変化は、例えば、外国人投資家が国債を売ったなど、投資家の売買で説明されることも少なくありません。

たしかに、十分な裁定取引がなされれば、（リスク・プレミアムを無視すれば）「長期金利＝予測短期金利の平均」となります。もっとも、ある投資家が10年債を大量に売り始めたら、どうでしょうか。読者が例えば、「将来の予測短期金利から見ると、今の10年金利は1％であるべきだ」と考えても、投資家がなんらかの理由でその金利水準を超えても大量に売却を続ければ、金利は短期的に1％以上に上昇していくかもしれません。そうすれば、読者も短期的には国債を売ったほうが得ともいえます。同じような理由で、財務省が投資家の想定以上に超長期債を発行するとしたら、投資家による需要と発行による供給のバランスが崩れ、超長期債の金利は上がるかもしれません。

実際の国債市場では、このように投資家の需要や国債の供給に応じて金利の動きが説明されることがあります。特に国債市場では、後述するように、銀行は短期から長期債、生命保険会社は超長期債を購入する傾向があります。市場参加者は、短期から長期債の金利は銀行の需要、超長期債の金利は生命保険会社の需要によって左右されると考えています。これに加えて、日本国債の場合、巨大な投資家ともいえる日銀が金融政策の観点から国債を購入し、その需要もイールドカーブに影響を与えます。

このことは比較的年限が短い国債は銀行の市場、年限の長い国債は生命保険会社の市場という形で国債市場が分断されていると見ることもできます。したがって、このような考えを「市場分断仮説」と表現する人もいます。

2.5 社債や地方債などの評価

ここまで国債の金利について議論してきましたが、国債の金利の動きを把握することは、ほかの資産への投資を考える場合でも大切です。国債の金利がなぜ重要かというと、その他の資産の投資を考える場合、国債の金利に対して、どれくらい高い金利が付されるか、という観点で評価がされるからです。

例えば、国債以外の債券には、地方債や社債がありますが、それらの金利にも国債の金利が影響を与えます。まず、日本政府に比べれば、地方自治体や企業が破産・倒産する可能性は高いともいえます。また、国債に比べれば、地方債や社債は活発に取引がなされているとはいえず、流動性は低いといえます。そのため、もし地方債や社債の金利が国債の金利と同じであれば、投資家は国債へ投資したいと思うはずです。逆にいえば、地方自治体や企業が地方債や社債を発行して資金調達をしたいなら、国債の金利に対して、追加的な金利を払わなければ資金調達ができないこともわかります。したがって、資金調達を行う企業などにとっても、国債の金利の動向は重要です。

この場合、国債の金利よりどれくらい高い金利が付されるかということが焦点になります。例えば、ある会社が発行した社債の金利が3％であり、（同年限の）国債の金利が2％であれば、その社債の3％の金利のうち、2％は安全な国債に投資することから得られる金利（安全利子率）と考え、残りの1％はその会社が有するリスクを反映したリスク・プレミアムと考えられます。

これは個人や企業への貸し出しについても同じです。銀行が読者に貸し出しをする場合でも、もしその貸し出し金利が国債の金利と同じであれば、銀行も貸し出しではなくて、安全性の高い国債へ投資したいわけです。その意味で、読者の借り入れ金利は、国債に対してどれくらいリスクに応じたプレミアムが付されるか、という形で、国債の影響を受けるのです。

本書では株式については詳しく取り上げませんが、株式のリターンもやはり同様に考えます。例えば、ソニーの株式に投資することから期待されるリターンも、国債の金利をベースに、それに対して、どれくらいリスクがあるかという観点で評価されます。この観点でいえば、国債は最も安全な資産のリターンという意味で、すべての資産の価格に影響を与えるのです。

「はじめに」において米国債の金利の事例を挙げましたが、仮にドル建ての金融商品が7％という金利で、円金利に比べて高く見えても、米国債の金利が例えば5％と十分なリターンが見込まれるのであれば、あえて追加的なリスクを取らず、米国債に投資するという判断もありえるのです。したがって、どのような資産に投資するにせよ、そのベースとなる国債の金利の動きがどのようなメカニズムで決まるかを把握する必要があるわけです。

2．6　インフレを加味した実質金利の重要性

最後に、ここまでの議論は、あくまでも物価が上がるインフレーション（インフレ）の調整をしていない名目金利についてである点に注意してください。すなわち、実際の投資のリターンを考えるうえでは、インフレを加味した実質金利を考える必要があります。

なぜ名目ではなく、実質で考えなければいけないのでしょうか。例えば、読者が海外で職を得て、仮に給与が上がったとします。しかし同時に、海外での生活費がとても高いとしたらどうでしょう。このように考えると、給料がただ高いか低いかだけではなく、海外での生活費などを考慮したうえで、実際に生活水準が改善するかどうかを判断しないといけないことがわかります。

それと同様で、日本の金利が1％であったとしても、日本全体の物価が2％上昇していたら、利子を得られることで資産が増える以上に、物価が上がることになります。そのため、1年後に購買力が低下してしまい、1％の名目金利が得られても実質的な取り分（実質金利）はマイナスということになります。

これは借り入れにも当てはまります。時々、海外での生活が長い人が「日本は金利が低いから借り入れをしたほうがよい」ということがあります。たしかに日本の名目金利は低いかもしれませんが、日本では、インフレ率も低く（特に日本では長年、物価が下がるデフレーション〈デフレ〉でした）、それを加味すると、実質金利が低いとは限りません。他国では金利が高いかもしれませんが、インフレ率も高く、借り入れによる実質的な負担は小さい可能性があります。

本書では、金利を指す場合、通常の債券の教科書と同様、基本的に、名目金利に焦点を絞って説明をします。インフレについて知りたい読者は、マクロ経済学の教科書などを参照してください。

補論：金利リスクと年限の関係

なぜ長い年限の債券は価格の変動が大きいのか：携帯電話の事例をもとに

本章では年限の長い（デュレーションの長い）国債は金利リスクが大きいと指摘しました。長い年限の国債はリスクが高いといわれると不思議に思われるかもしれませんが、そもそも長期の固定契約を結ぶ行為そのものが、市況の変動に対して、その価格が大きく動く契約になります。

これも毎年私の大学の講義で用いる例なのですが、例えば、読者が10年間の携帯電話の契約を考えているとしましょう。話を単純にするため、1年間の携帯電話の費用が、現在、1万円であるとしましょう。読者はこの契約を考えるうえで、①毎年、契約を更新していく方法と、②10年間、固定契約を結ぶ方法があるとします。

そのうえで、ここでは、②10年間の固定契約を結んだとしましょう。10年間の固定契約なので、10年間、毎年1万円の支払いをすればよく、10年間で合計10万円払うことになります。

現在の10年間の携帯電話の費用＝1万円×10年＝10万円

固定契約を締結後、市況が変わり、携帯電話の費用が年間5000円に低下したとしましょう。その後で、10年間の固定契約を結ぶと、5000円を10年間払うので、支払いの合計は5万円で済むことになります。

市況変更後の10年間の携帯電話の費用＝0・5万円×10年＝5万円

しかし、前述のとおり、読者は合計10万円の固定契約をすでに結んでしまいました。したがって、新しい市況では、将来にわたって5万円余分に支払わなければならないという意味で、損失が発生することになります。これは長期の固定契約を結んだことから生まれる損失です。

携帯電話の契約期間が10年から20年にのびた場合はどうか

すぐに想像できると思いますが、このマイナスの影響は契約期間が長くなればなるほど大きくなります。ここまで10年の固定契約を考えてきましたが、仮に、読者が結んだ契約が20年間の固定契約だったとしましょう。この場合、年間1万円で20年間の固定契約を結ぶと、20年間の支出は合計20万円です。

現在の20年間の携帯電話の費用＝1万円×20年＝20万円

その後、先ほどと同様、市況が変わり、携帯電話の費用が年間5000円に低下した場合、読者は20年にわたり、年間5000円を余分に支払わなければならないため、損失は合計10万円となります。

　市況変更後の20年間の携帯電話の費用＝０・５万円×20年＝10万円

　このように固定契約の期間が10年から20年になったことで、損失額が先ほどの５万円から、10万円に増加していることがわかります。

費用が逆に値上げされた場合はどうか

　先ほどは、携帯電話の年間の費用が１万円から５０００円に低下したケースを考えましたが、逆に、携帯電話の年間の費用が１万円から１万５０００円に上昇したとしましょう。この場合、その費用は左記のとおりとなります。

　費用上昇後の10年間の携帯電話の費用＝１・５万円×10年＝15万円

　読者は年間１万円の固定契約をすでに結んでいますから、年間５０００円だけ少ない支出で済むことになります。その利益は10年間で「5000円×10年＝5万円」となるため、読者にとってプラスになることがわかります。

なぜ長い年限の債券は価格の変動が大きいのか：国債の事例

ここまで携帯電話の例を挙げましたが、上記のロジックは年限の長い国債を購入することにも当てはまります。今度は、携帯電話ではなく、読者が10年間にわたる債券投資を考えているとしましょう。前述のとおり、10年間の投資において、「10年債の投資」と、「10年間にわたる1年債投資のロール」があります。現在、読者が100円持っており、価格100円の1年債へ投資したとすると、1年後にこの債券が償還を迎え、読者は100円と利子を手にします。それを、また1年債へ投資するということを10年間繰り返すことが1年債のロールです。

その一方で、10年債へ投資するという方法があります。10年債を買うと、毎年利子が得られて10年後に元本が返ってきます。10年債への投資とは、別の見方をすれば、今の市場の金利で10年間のリターンを固定するという行為です。これは先ほどの携帯電話の10年間の固定契約の例と同じである点に注意してください。

10年債に投資するとは、10年間のキャッシュ・フローを現時点で固定してしまう固定契約で

図表2-10　金利リスクのイメージ　（出所）筆者作成

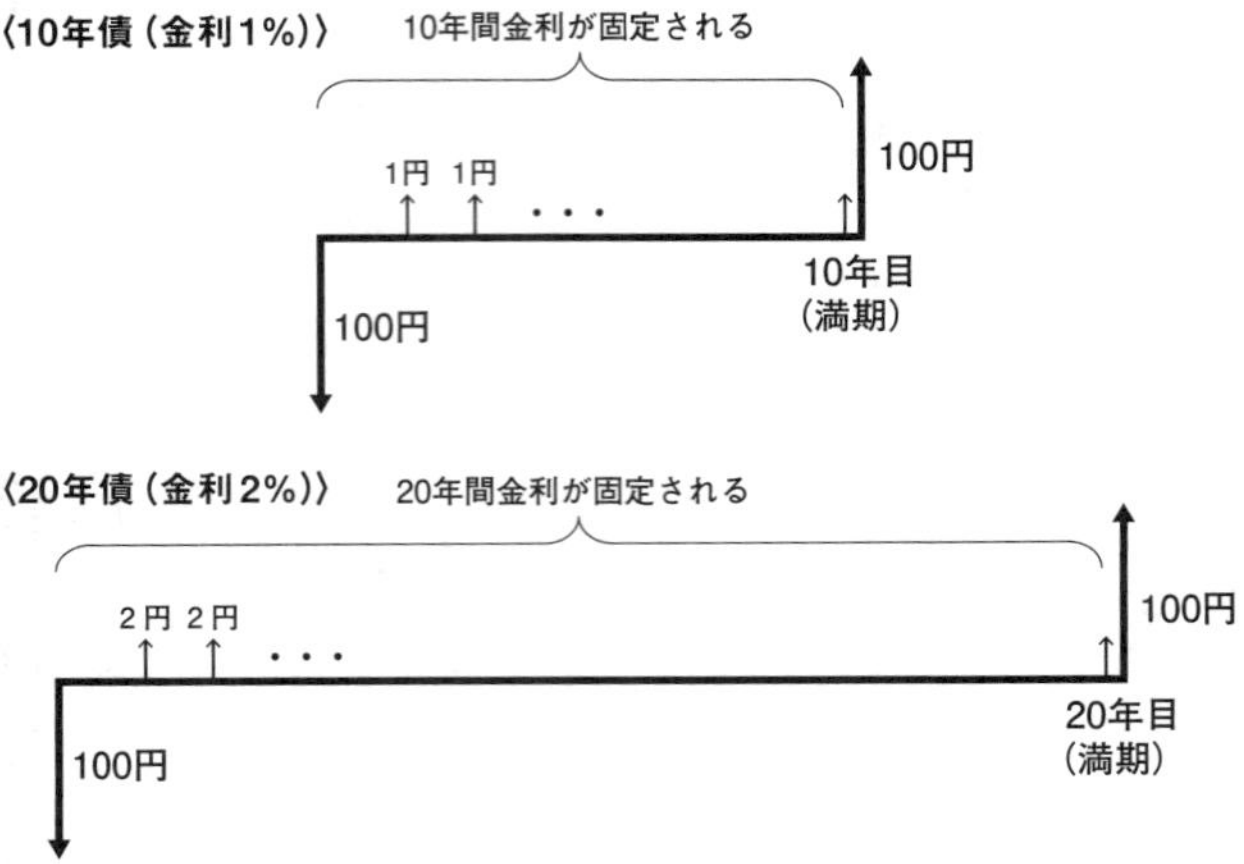

すから、先ほどと同様、市況が変わり、金利が変化すると、その影響を10年にわたって受けてしまいます。例えば、現在、10年国債の金利が（100円に対して）1円（金利は1％）とすると、この10年債に投資することは、10年間のキャッシュ・フローを、合計10円の利子収入に固定することを意味します（図表2－10）。

　金利1％の10年債に投資した場合に得られる利子収入＝1円×10年＝10円

　そのような中、市況が変化し、金利が1％上昇して10年債の金利が2％になったとしましょう。この場合、金利が2％の10年債を購入して運用すれば10年間で合計20円の利子をもらえます。

金利2％の10年債に投資した場合に得られる利子収入＝2円×10年＝20円

ということは、読者は、今投資すれば、10年間で20円もらえるところ、10年債の金利が1％である時点で投資してしまったので（つまり、10年間で得られる金利を1％の環境下で固定してしまったので）、10年間で10円しか利子がもらえなくなったわけです。繰り返すようですが、このロジックは、先ほどの携帯電話の事例と同じです。

金利が1％上昇した場合、読者が保有する国債をマーケットで評価すると、価格が10円低下するということが起こります。[*11] 読者が投資していた国債が20年債であれば、1％金利が上昇したら、「1％×20＝20％」程度の評価損となるわけです。このように金利が上がれば価格は下

＊11　厳密には、10年債のデュレーションは10より小さな値になりますが、ここではわかりやすさを重視するため単純化しています。厳密な議論を知りたい読者は『日本国債入門』の第4章を参照してください。

がるのですが、その度合いは年限に依存するということです。

強調したいことは、長い年限の国債に投資すると、評価損を抱える可能性もありますが、評価益が生まれる可能性もある点です。先ほどは金利が上昇するケースでしたが、逆に、金利が1%低下して0%になったとしましょう。この場合、金利が0%になってから投資していたら金利がまったく得られないところ、変化前の市況で10年債を購入していたため、10円の利子をもらえることになります。したがって、10年債に投資して、金利が1%だけ下がったら、10%の評価「益」が得られます。つまり、固定契約を結ぶと、市況が変わったときに、利益にせよ損失にせよ、固定期間に比例してその価値が大きく変動する（リスクが大きい）ということです。リスクを取れば損する可能性もある分、高いリターンが得られる可能性もあるわけです。

マーケットでの評価（時価評価）

先ほど、時価評価すると、1%の金利上昇で価格が10円低下する（10%低下する）と説明しましたが、この場合のマーケットでの評価は、流通市場（中古市場）でなされます。先ほどの状況を整理すると、読者は10年債の金利が1%のタイミングで投資しました。その後、金利が1%上がり、流通市場（中古市場）では10年国債が2%で取引される環境になりました。読者以外の投資家からすれば、今では、証券会社に電話をかければ、金利2％の10年債が買えるのですから、彼らからすれば読者が保有する金利1％の10年債を買う理由はありません。

もし彼らが買うとしたら、どういう状況でしょうか。それは読者が保有する国債を大幅に値引き（ディスカウント）した場合です。どこまでディスカウントして売らなければならないかというと、それは先ほど時価評価したら10円下がるといった場合の10円です。読者が10円だけ割り引きして売れば、投資家は、10円の割り引き分に加え、10年間の利子である10円により、合計20円のリターンが得られることになります。これは現在の国債市場で取引されている、金利2％の10年債のリターンと同じというわけです。

読者が国債を購入した後、金利が変化したら、上記のような理由で、仮に売買をしなかったとしても、時価評価により、評価損や評価益が生まれます。ただし、これはあくまでそのときの時価（＝マーケットで売ろうとしたときの価格）で評価した場合の損益（＝評価損益）です。最後まで持ち切れば、100円で償還されるという事実は変わらない点に注意してください。

第3章　証券会社と国債市場の重要な関係

3.1　証券会社の役割

証券会社における債券ビジネスとは

ここからは、国債市場のイメージを持てるように、読者が証券会社に勤め、国債の在庫管理をするトレーダーだと想定し、実際の国債の取引について考えていきます。

証券会社は、国や地方自治体、企業などが株式や債券を発行することを助ける仕事をしています。例えば、企業が株式や債券を発行したい場合、証券会社がそれを投資家に販売することで資金調達を可能にするわけです。証券会社は株式や債券を発行する主体（発行体）と投資家を直接つなげることから「直接金融」を担うと表現されることもあります。*12

投資家に株式や債券を販売する流れとして、支店やウェブを通じて主に個人に販売する方法があります。これは証券会社でリテール・ビジネスと呼ばれるものです。一方で、債券の中でも国債は、銀行や保険会社、年金基金、海外の投資家などの機関投資家への販売を主軸としており、証券会社ではマーケット部門がそれを担っています。具体的には、マーケット部門の中に債券を担うセクションがあり、そこが中心となって債券ビジネスを展開しています。

国債のトレーダーの仕事

ここから、読者が証券会社における日本国債のトレーディング・デスクに配属されたとして話を進めていきます。ここでは読者は国債のトレーダーという設定であり、読者の業務は、国債のトレーディングです。国債のトレーダーの役割は、国債を購入して在庫として保有し、投資家にそのときのプライス（金利）を提示することで、国債の売買を可能にすることです。

そもそも「トレーダー」という言葉は、非常に広い意味を含む表現です。株や外貨のトレー

＊12　一方で、銀行は預金により資金調達し、それを貸し出します。つまり、銀行を通じて間接的に資金融通することから、銀行は「間接金融」を担っています。

ディングをする個人も広くは「トレーダー」といえますし、あるいは「ディーラー」という表現が使われることもあります。ただ、債券の世界で「トレーダー」という場合、主に債券の流通市場（中古市場）を作るため、債券などの在庫管理をする主体（マーケット・メイクを行う主体）という意味合いで使うことが多いです。本書でも、マーケット・メイクを行う主体という意味でトレーダーという表現を用います。

第1章では国債市場の全体像と、店頭取引（相対取引）について説明しました。そこでも説明しましたが、多くの投資家が買いたいときに国債を買い、売りたいときに国債を売ることができるのは、証券会社のトレーダーが、その取引の反対側に常に立つことでこれを成立させているからです。その意味で、トレーダーの仕事は市場を作ること（マーケット・メイクをすること）といえます。大切なことは、証券会社は営利企業なので、このプロセスの中で利益を上げる必要があることです。

国債市場のトレーダーというとイメージがしにくいかもしれませんが、これも単純化すれば前述したようにコンビニのビジネスと同じです。コンビニでビールを売るビジネスとは、ビールを安く仕入れてきて、在庫として持っておき、顧客に高値で売ることで利益を上げることです。読者が経営する店舗以外にも、コンビニは無数にありますから、読者が一方的に高値で売ろうとしても、誰も買ってくれません。したがって、ほかのコンビニにおける値段を考慮しながら売り値を決める必要があります。

国債のビジネスも同様です。もちろん、トレーダーである読者にとって儲かる価格（金利）でいつも取引ができれば利益を上げるのは簡単です。しかし実際には、日本では、日系の証券会社に加え、外資系の証券会社も多数存在しており、読者にはライバルがいます。国債を購入したい投資家に対して、読者が割高な価格（低い金利）を提示したら、競争に負け、他社で取引されてしまうわけです。したがって、読者はこの環境を考慮したうえで、顧客に価格を提示する必要があります。

また、トレーダーは無制限にリスクを取れるわけではなく、自分の取ってよいリスク量に制限がある点も重要です。国債のトレーダーである読者は顧客の注文に対応するために、国債を在庫として抱えるわけですが、国債を在庫として保有するということは国債に投資しているようなものです。第1章で説明したとおり、特に国債の場合はその発行額が巨額ですし、年限の長い国債は短期的に価格が大きく変動することから、在庫管理をうまく行わないと大きな損失につながりかねません。

したがって、各証券会社のトレーダーは、各自取ることができるリスク量や在庫の評価損に制限が課されています。リスクは常に定量的に測られており、仮に、リスクを取りすぎたり、在庫の評価損が一定以上になると、上司やリスク管理部門などからリスクを削減するよう指示される体制になっています（リスク管理については後述します）。

3．2　国債の仕入れ

財務省による国債の入札（オークション）

まずは、国債のトレーダーである読者が国債の取引をするためには、国債を取得して在庫として保有する必要があります。前にも説明したとおり、国債の供給者は日本政府であり、財務省がその実務を担っています。財務省は、歳出と歳入のギャップや過去に発行した国債の借り換えなどに基づき、国債の発行計画を立て、それに沿って定期的に国債を発行します。

国債の場合、財務省が入札（オークション）を実施して発行します。したがって、読者は在庫を確保するために、この国債のオークションに参加して国債を購入することができます。*13

オークションというと複雑に感じるかもしれませんが、ヤフー・オークションなどをイメージしてください。これも大学の講義でよく用いる例なのですが、例えば、ある会社の経営者がいて、コンサートのチケットを1000枚、オークションで販売したいとします。[*14]その人は、もちろん、できるだけ高い値段で売りたいと考えています。しかし、チケットを買いたい人はできるだけ安く買いたいと考えています。そこで、オークションを実施して、買いたい人は自分が希望する価格でオークションに参加してください、高い値段をつけてくれた人から落札できますよ、とアナウンスするわけです。

このチケットを買いたい人は、ほかの人がどういう値段を出すかを考慮したうえで、買ってもよいと思う値段で注文を出します（応札します）。低い値段で応札したらチケットを買えないかもしれませんし、高すぎる値段で応札すると高値で摑《つか》まされる可能性もあるわけです。チケットの販売者は高い値段の応札者から順番に販売していき、販売したい枚数である1000枚まで販売したら終わり、という形を取ります。

＊13 財務省が実施するオークション以外にも業者間市場や投資家との店頭取引を通じて国債を購入することができます。

＊14 厳密にいえばチケットはあまりオークションで売られていない気もしますが、ここではわかりやすさを重視した例だと考えてください。

国債の入札も基本的には同じです。[*15] オークションにおける国債の最低販売額は1億円[*16]であるため、財務省は、一つの国債を1億円で売ることになっています（個人に向けた個人向け国債は1万円から買えますが、商品性は後述します）。例えば、財務省が同じ国債を計2兆円（1枚1億円のチケットとして考えると計2万枚）販売したいとします。財務省としては、もちろん、高い値段（低い金利）で国債を発行したいと考えています。そこで、「今から2兆円分の10年国債を発行するので、本日の11時50分までに、自分が考える価格で応札してください」と投資家に呼びかけるわけです。

国債のトレーダーである読者は、ほかの投資家の行動を考えながら、自分が在庫として保有したい金額を意識して注文を出します。財務省はこの応札された注文（札）を集め、自分にとって都合のよい価格、つまり、価格が高い（金利が低い）札から、発行したい額まで販売します。

証券会社は国債の営業を担う

証券会社は、国債の営業も担います。証券会社の債券部門には営業担当者（セールス）がいて、彼らが世界中の投資家に国債の営業をします。典型的には、都市銀行、地方銀行、生命保険会社、年金基金、さらに海外の投資家など幅広い投資家に呼びかけます。証券会社のセールスは、一人で数社から数十社の顧客を担当しています。

証券会社の中にはプライマリー・ディーラーと呼ばれる証券会社[*17]があり、国債のオークションに関し、応札および落札などの義務を有しています。特に、国債のオークションに投資家がまったく参加しないということになると、国債が販売できないということになりかねません。そこで、プライマリー・ディーラーと呼ばれる証券会社に応札義務を課すことで、発行額が100％応札される仕組みを有しています。

証券会社はプライマリー・ディーラーになることで応札義務などが生じるのですが、プライ

＊15　ここではコンベンショナル方式と呼ばれる方法を前提に説明しています。実際にはダッチ方式と呼ばれる方法も実施されています。コンベンショナル方式とダッチ方式の違いを知りたい読者は、『日本国債入門』の第8章を参照してください。

＊16　厳密にいえば、非競争入札と呼ばれる入札では100万円単位ですが、ここでは広く使われているオークションの事例を紹介し、基本的に機関投資家を想定しています。個人向けには個人向け国債のほかに「新窓販国債」と呼ばれる国債があり、5万円単位で買うこともできます。

＊17　日本のプライマリー・ディーラーには一部銀行も含まれます。

図表3-1　国債のオークションのイメージ

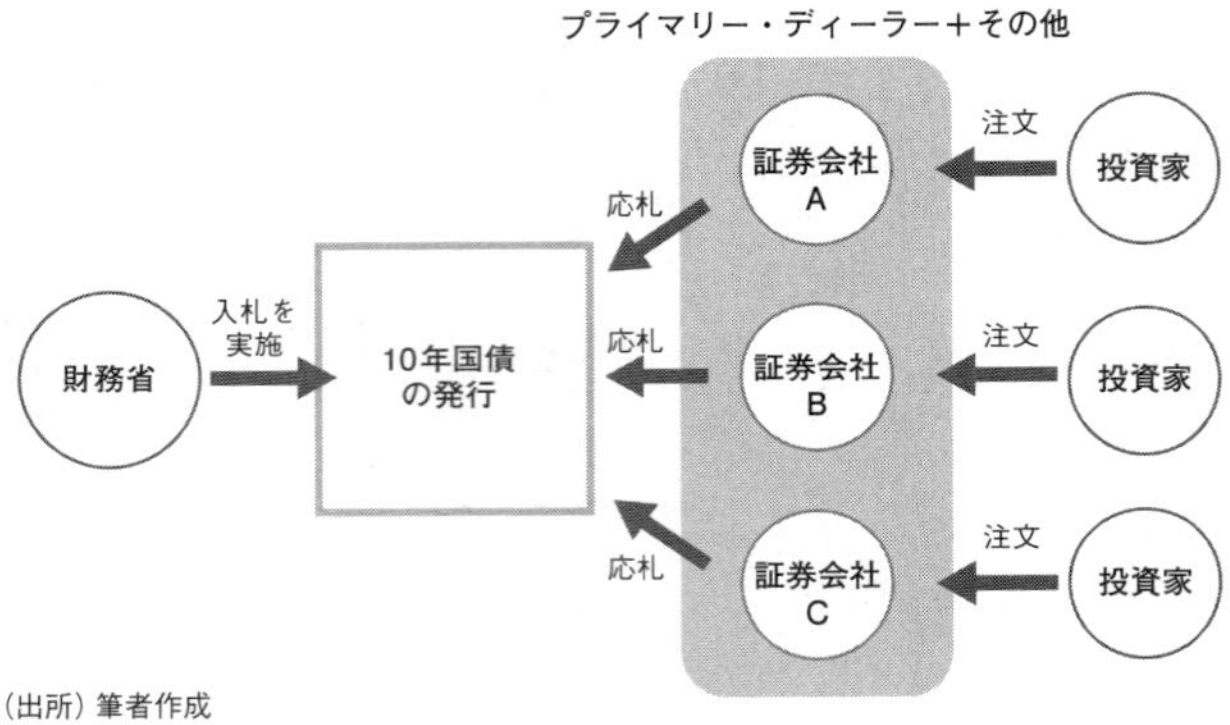

（出所）筆者作成

マリー・ディーラーになるメリットもあります。プライマリー・ディーラーになると、国債の制度設計や発行計画などに関して意見を述べることができますし、彼らのみが参加できる入札などもあります。[*18]

しかし、メリットがあまりないと考え、プライマリー・ディーラーの資格を返上した金融機関[*19]もあるため、財務省は証券会社がプライマリー・ディーラーであり続けるためのメリットを提供する必要があります。

実際の国債の入札は図表3－1のようなイメージです。プライマリー・ディーラーがさまざまな投資家から札を集約し、プライマリー・ディーラーが応札する形で実施されています（制度的には投資家が直接応札することもできます）。

読者に注意を促したいのは、プライマリー・ディーラーに応札義務はあるものの、それが国債の安定消化を保証するものではないという点です。このことを考えるために、先ほどのチケットのオークションの例に戻りましょう。先ほどと同様、オークションで1000枚のチケットを販売したいわけですが、チケットの販売者は、仮に1000枚以上の注文が得られても、その価格が自分の想定する価格より低かったら全然嬉《うれ》しくないはずです。例えば、チケットの販売者にとって損益分岐点が1枚5000円くらいである中、みんなが1000円で応札したら、1000枚以上の応札があったとしても、むしろ損をすることになります。

国債のオークションも同様です。市場参加者は、どの価格（金利）で応札するかはまったく強制されていません。そもそも利益の最大化を目指す投資家に、市場実勢に合わない金利の国債を買わせるのは無理筋です。オークションの結果、応札額がそれなりにあっても、多くの投資家が低い価格（高い金利）で応札するということは起こりえます。したがって、財務省は常

＊18　例えば、流動性供給入札がありますが、『日本国債入門』の第8章を参照してください。
＊19　例えば、2016年に三菱東京UFJ銀行（現三菱UFJ銀行）はプライマリー・ディーラーの資格を返上しています。

に投資家と対話しながら金利が急上昇しないような運営を行う努力をしています（財務省がどのように国債発行計画を作っているかは第7章で説明します）。

国債のオークションはとにかく金額が大きい！

国債のオークションのダイナミズムは、その金額の大きさです。国債の発行額が大きいため、1回あたりの入札額は数兆円に及びます。図表3－2は、２０２４年7月2日の10年債の落札額の例を示していますが、証券会社各社は数千億円に及ぶ規模で落札を行っていることがわかります。読者がトレーダーである場合、実際には、自分が在庫としてほしい国債だけでなく、セールスが顧客から取ってきてくれた注文も含めて応札することになるため、落札したすべてを在庫として保有するわけではありません。もっとも、読者がトレーダーであれば、１回のオークションで何千億円ものオーダーを出すので、決してミスは許されず、緊張感が高い業務であることは想像しやすいでしょう。

国債のオークションは、月ベースで大体のスケジュールが決まっています。典型的には月初に10年債のオークションがあり、その後、20・30年債といった長い年限の国債のオークションがあり、月末に2年債のオークションがあるというイメージです。このスケジュールで毎月実施されます（40年債は隔月です）。

読者が国債のトレーダーであれば、朝、会社に出社し、オークションに向けた準備を行います。投資家と直に接するのはセールスです。セールスが世界中の投資家から注文を取ってきてくれるので、トレーダーである読者は、これらの注文に加え、自分が在庫として保有したい注文も含め、11時50分までに日銀ネット（日本銀行金融ネットワークシステム）を通じて、財務省に注文を出します。[*20]

オークションの結果は、その日の12時35分に財務省のウェブサイトを通じて発表されます。この時点で、読者は自分がどれくらい落札できたかということを把握できるわけです。

図表3-2　10年債を落札した証券会社の金額の例

証券会社	落札額（億円）
三菱 UFJMS	6,273
大和	3,152
みずほ	2,395
野村	2,102
SMBC 日興	1,118

（注）2024年7月2日の入札の結果。1000億円以上落札した業者のみ記載。
（出所）報道より筆者作成

「セールス」や「リサーチ」の役割

国債市場の特徴は、投資家がプロの投資家（機関投資家）

＊20　短期国債の場合、11時30分までに注文を出します。

である点です。証券会社の営業というと、投資を考えていない個人に対して投資の勧誘を行うというイメージを抱きがちですが、国債の主要な投資家である銀行や生命保険会社などはそもそも運用することを生業《なりわい》にしている人たちです。

例えば巨大な機関投資家である銀行についていえば、メガバンクなどは数十兆円レベルの運用を行っています。巨大な投資家としてしばしば話題になる農林中央金庫は約50兆円の市場関連資産を保有して運用していますし、日本の公的年金の運用を行っているGPIF（年金積立金管理運用独立行政法人）は約250兆円規模の運用を行っています。これ以外にも地方銀行や信用金庫、生命保険会社、損害保険会社、年金基金、大学、海外の中央銀行、ヘッジファンドなど、幅広い機関投資家が国債の運用をしています。

証券会社における債券ビジネスには、トレーダーのほかに、セールス、リサーチなど、さまざまな職務があります。顧客に営業をするセールスはこのようなプロの投資家に対して、彼らが国債を購入あるいは売却する際、自社に注文してもらえるよう、営業をするわけです。数多くの証券会社が機関投資家に対して営業をしているため、各投資家からの注文を取り合うという競争になるのです。

いうまでもなく、国債の投資家はプロの投資家であることから、個人投資家に対するよりもより高度なコミュニケーションが求められます。セールスは、常日頃、顧客と会話しながら、そのニーズを把握します。筆者の理解では、優秀なセールスは事実上、後述するリサーチのような役割を兼ねる印象です。担当する顧客の状況を考慮したうえで、時に自ら分析も行い、顧客が求める情報を随時提供するわけです。

また、証券会社には調査に特化した部隊（リサーチ部門）があり、マーケットに関する情報や分析、予測を提供します。彼らはエコノミスト、アナリスト、ストラテジストなど、担当する分野に応じた肩書きで呼ばれることが多いのですが、マクロ経済や金利など、広範なテーマについて分業をしながら調査しています。そのリサーチの結果を、レポートなどを通じて発信します。国債についていえば、先行きの金利の見通しはもちろん、次のオークションはどういう予想であるか、日銀の金融政策の動向がどうなるか、新しく導入された金融規制が投資家の動向に影響を与えるかなどです。エコノミストやアナリスト、ストラテジストは、顧客に対して個別にプレゼンテーションをすることも少なくありません。

3．3　リスク管理

少々脱線しましたが、国債のオークションの話に戻ります。トレーダーである読者は、例えば顧客の注文に応えるために、１００億円分の国債をオークションで仕入れてきたとしましょう。問題は、この国債の価格が日々動くということです。もちろん、トレーダーである読者は、保有している国債の価格が上がれば得をしますが、価格が下がれば損をします。この点がコンビニの在庫管理とは大きく異なる点です。コンビニがビールを在庫として持っていても、そのビールの価格が刻々と変化し、時に、数日で数パーセントも動くということは考えにくいでしょう。

しかし、前章で確認したように、30年債であれば、短い期間で価格が数パーセント動いてもおかしくありません。例えば読者が１００億円の国債を在庫として持ち、数日で1％価格が低下すれば1億円規模の損失なので、価格が数パーセント動くのはかなり大きなことです。前述のとおり、年限（デュレーション）が長い国債であればあるほど、読者は損失を被る可能性が高まる（利益が得られる可能性も高まる）ともいえます。

証券会社の経営陣からすれば、トレーダーである読者が過度なリスクを取って大損したら会社の経営が傾くことになりかねません。そこで、リスク管理部門が、読者のポジションを随時モニターし、事前に決めた損失額を超えないような体制を作っています。典型的には、過去のデータを用いて、非常に悪いシナリオが起きた場合に、現在の在庫からどれくらいの損失が発生するかを計算します。また、過去の危機と同じ状況が起きた場合、どれくらい損失が発生するかを計算します。リスク管理部門は、これらを考慮したうえで、読者が取ってよいと考えるリスク・リミットの中にリスクを抑えるよう促します。

例えば、読者が取ってよいリスク量が1億円であるとしましょう。その一方で、読者の今有する在庫状況において、非常に悪いシナリオだと2億円損をすると算出されたとします。その場合、例えば1億円分のリスクに相当する国債を売り払うことで在庫を軽くするなどして、リスク量を削減する必要があります。

大切な点は、トレーダーである読者は、マーケット・メイクをするため、在庫を持たなければならないということです。これが普通の投資家と異なる点です。通常の投資家であれば、今後マーケットがどうなるかわからないということであれば、究極として、一切投資をしないという選択肢もありえます。しかし、証券会社の場合、顧客が売買できる市場を提供するために在庫を持っているので、リスク量を落とす必要があるからといって、すべての在庫を売却するわけにはいきません。また、投資家の需要に応じて在庫が変動するため、リスク量は日々変わる可能性があり、そのコントロールが難しいわけです。このような状況をうまく管理して、利益を上げるというのがトレーダーの腕の見せどころです。

リスクヘッジの方法

リスク管理において面白い点は、在庫を有したまま、リスク量を落とす方法があることです。トレーダーである読者は国債を保有しているわけですが、その価格の動きに対し、まったく逆の動きをする資産があるとしましょう。この場合、両者を合算して持つことにより、自分が持っている資産全体の価格の動きを抑える（＝リスク量を減らす）ということが可能になります。

図表3－3がそのイメージですが、読者はトレーダーとして国債を保有しており、その価格は絶えず変化します。そこで、その逆の動きをする資産を保有することで、価格が変動しない状況を作ることができます。このような行為をリスクヘッジといいますが、ある資産価格と逆の動きをするポジションを作るために、金融派生商品（デリバティブ）と呼ばれる商品が用いられることが少なくありません。

図表3-3　国債と国債先物をあわせることで価格変動を相殺

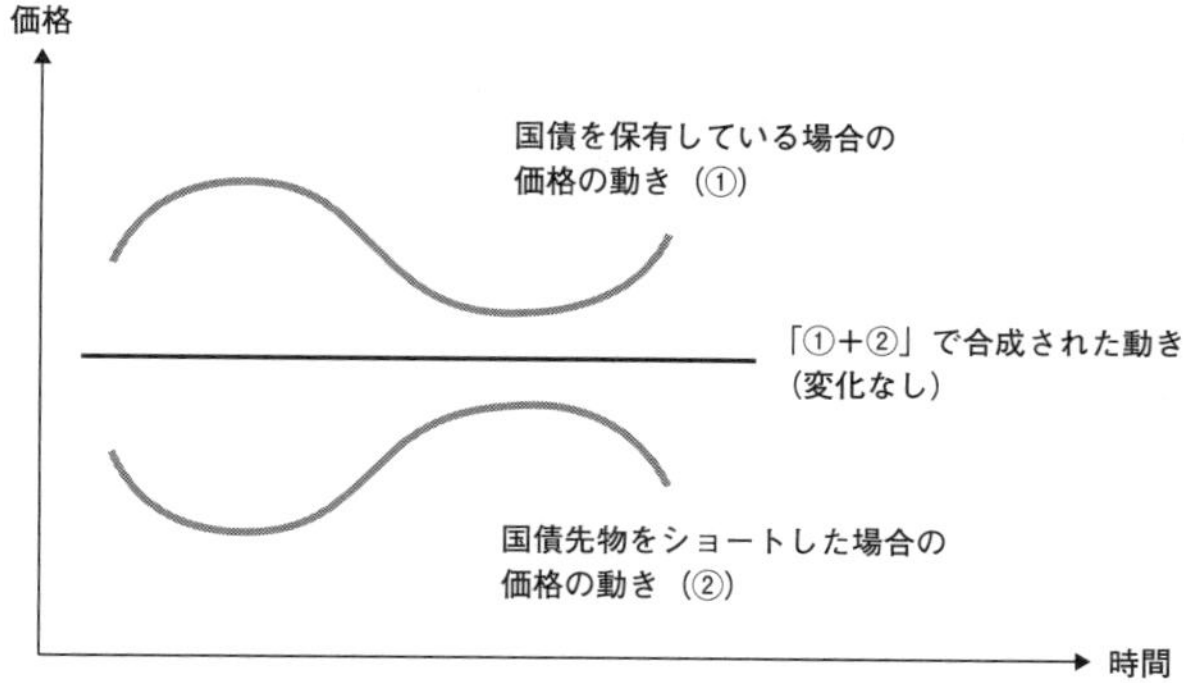

（出所）筆者作成

典型的には、国債の予約取引である国債先物を用います。デリバティブについては第8章で詳しく説明しますが、結論を先取りすると、国債そのものの価格と国債先物の価格は類似した動きをします。これを利用して、読者がオークションで仕入れてきた国債と同じリスク量だけ、国債先物を売却することで、リスクを減らすことが可能になります。

このことを具体的に考えるため、国債を保有したまま、国債先物を売るとしましょう。仮に国債の価格が低下したら、読者が保有する国債から損失が出ます。もっとも、前述のとおり、国債と国債先物は類似的な動きをするので、国債先物の価格も低下しますが、読者は先物を売っているので、先物価格の低下から利益を得ることができます。その結果、国債からは損をするものの、国債先物から利益が得ら

図表3-4　国債先物を用いたリスクヘッジのイメージ：入札時のケース

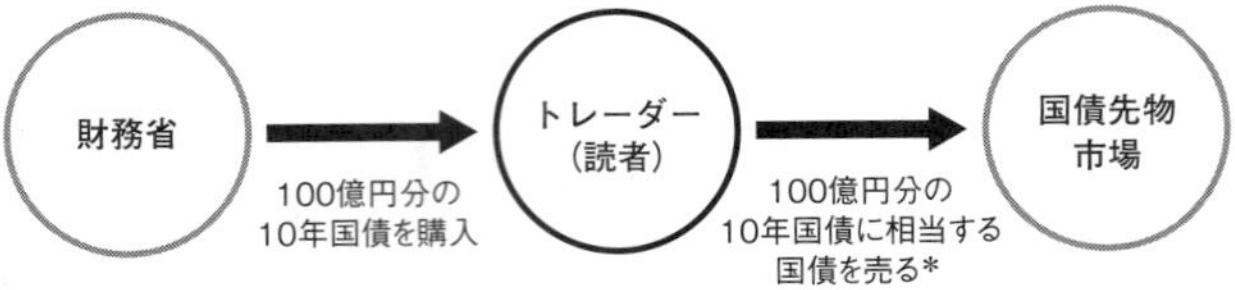

* 例えば国債先物1枚で10年国債1億円分のリスク量があるので、先物を100枚売ります。

（出所）筆者作成

れるという形で、国債から発生する損失を相殺することができます（これは先物で「ショート」のポジションを作っているということですが、ショートについては後ほど説明します）。

例えば、図表3－4のような形で、財務省が国債を発行し、読者が10年国債を100億円保有するとします。この金利リスク量を削減したい場合、この国債の有する金利リスクに相当する額の先物を売ることで、金利リスクを落とすことができます。

3．4　国債のマーケット・メイク

上記のプロセスを経て国債を在庫として持った読者は、顧客からの注文に対応します。世界中の投資家から国債を買いたいという注文がありえ、読者が会社を代表して、投資家に提示するプライスを決めます。読者が出す国債のプライスは、読者が所属する証券会社のプライスといえるわけです。

図表3-5　国債を売買するイメージ

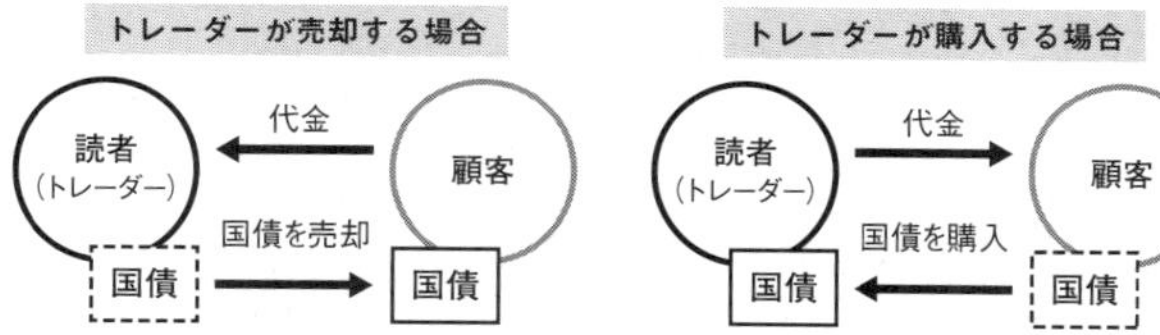

（出所）筆者作成

例えば、読者がある投資家から国債を買いたいという注文を受けたとしましょう。典型的には、セールスが電話で顧客の注文を取ってきます。最近ではBloombergなどが提供する電子プラットフォームを通じて、プライスを聞かれることもあります。

読者は問い合わせがあり次第、注文があった国債のプライスを提示します。投資家がその価格で取引したいといえば、持っている在庫（国債）を渡して、投資家はその代金を支払います。逆に、投資家から国債を売りたいという注文を受けたときは、読者が買いたいと思う価格を提示し、投資家がそれに合意すれば読者が代金を支払って、当該国債を在庫として抱えます（図表3－5）。

証券会社と顧客で取引する価格に合意することを「決める」あるいは「Done（ダン）」といいます。実際に、国債の注文において重要なのは、価格を決める（Doneする）ことであり、その国債の受け渡しは後日行われます。国債については、Doneした1営業日後に受け渡すことが主流になっており、これを「T＋1決済」（Trade

Day の1営業日後の決済）といいます。

これは私たちがメルカリや Amazon で取引することとまったく同じです。要は「Done」とはメルカリや Amazon でクリックして注文する行為であり、これは Amazon などの画面に表示される価格での取引に合意することです。実際に注文したものが家に届くのはその数日後です。国債も同じで、取引が合意された1営業日後に受け渡しが行われます。

もちろん、1営業日後ではなくて、例えば、1か月後に受け渡すという取引もできます。これは今、価格を決めて国債を1か月後に渡すという行為であり、国債の予約取引です。国債の予約取引は、金融派生商品（デリバティブ）の一種になります（デリバティブの詳細は第8章で説明します）。

ショート（空売り）とはなにか

これまで読者が在庫として国債を保有しているケースを取り上げてきました。在庫を保有していないと顧客の買い注文に対応しにくい側面がありますが、実際の市場では、在庫がないまま顧客の買い注文を受けるケースも少なくありません。例えば、投資家がある国債を買いたいとトレーダーである読者に注文した際、当該国債を読者が持っていなかったとします。それを読者がDoneしてしまい、在庫がないのに、顧客に国債を売る約束をしてしまったとしましょう。この場合、先ほど説明したように、1営業日後にこの国債を投資家に渡さなければなりません。

そこでどうするかというと、ここから急いで当該国債をほかの証券会社から買ってくることもできます。証券会社の間でも国債を活発に取引する市場があります。証券会社を「業者」と呼ぶことも多いことから、この市場を「業者間市場[*21]」といいます。

また、国債市場には国債を貸し借りする市場があり、国債を短期的に借りてくるという手段もあります。これを「レポ市場」といいます。読者は一時的に国債を借りてきて、それを投資家に売却し、どこかのタイミングで当該国債を買いなおして、借りてきた国債を返却するということができます。

このように、ある金融資産を借りてきて売却することを金融の世界では「空売り」あるいは「ショート」といいます（逆に金融商品を購入することを「ロング」といいます）。空売りの特徴は、価格が下がったときに儲かる取引である点です。

＊21　業者間市場の詳細を知りたい読者は『日本国債入門』の第3章を参照してください。

例えば、ある国債が１００円であるとします。読者はこの国債を借りてきて、１００円で売ってしまいます。その後、価格が下がって99円になったとしましょう。このタイミングで、読者は99円支払って国債を買いなおし、借りてきた国債を返すことで、１円の利益を上げられます。

このように読者がある国債の価格が下がると予測したら、その国債を借りてきて売却することで（ショートすることで）利益を上げる可能性が生まれるわけです。金融業界を描いた有名な映画に、「マネー・ショート　華麗なる大逆転」（原題「The Big Short」）がありますが、米国の不動産バブル崩壊による資産価格低下の中で、利益を上げようとする、まさにショートする投資家を描いた作品です。

ビッド・アスク・スプレッド

先ほど、読者が顧客の売買に応じる例を説明しました。この「プライスを出す」とは怖いことでもあります。そもそも投資家が売りたいと考えている状況とはどういうときでしょう。もしかしたら、その投資家は今後国債の価格が下落することについて確信があるからかもしれません。逆に、多くの投資家が買いたいと注文をしてくる状況とはどういうときでしょうか。もしかしたら、彼らは、国債の価格が今後上がると確信しているからかもしれません。

マーケット・メイクをするとは、トレーダーである読者が必ず投資家の取引の反対側に立つということです。取引の反対側に立つとは、投資家が買いたいと言っているときに、売る行為をすることであり、投資家が売りたいと言っているときにその投資家から買うことです。特に、市場が暴落しており売ろうとする投資家が多い中、買いの立場に立つことが怖いということは想像できるでしょう。しかし、トレーダーの仕事は、投資家の取引の反対側に立って、投資家がいつでも売買できる流動性がある市場を作ることです。

改めて強調しますが、この取引は、あくまでトレーダーである読者が、会社の利益を追求した結果である点です。したがって、読者は、不利な取引になりうる状況で、それでも利益を上げられるよう、投資家が買いたいという注文には少し高い価格を出します。あるいは、投資家が売りたいという注文には少し安い価格を提示します。つまり、どのような取引をする場合も、自分にとって少し得になるような価格を提示するわけです。この買い値と売り値の差額が読者の利益になるのですが、買い価格（ビッド）と売り価格（アスク）の差であることから、これをビッド・アスク・スプレッドといいます。

前述のとおり、証券会社は1社だけではないため、読者が利益を上げたいからといって、あまりに実勢から離れた価格を提示すると、ほかの証券会社に注文がいってしまいます。読者はそのことを考慮したうえで、自分が適正と考えるビッド・アスク・スプレッドを投資家に提示する必要があります。

第4章　日銀の役割と公開市場操作（オペレーション）

前章では読者がトレーダーになったと想定して、国債市場を考えました。トレーダーにとって、保有する国債の在庫管理を行ううえでも、金利動向の予測は大変重要になります。そして、金利動向を考えるにあたっては、多くの投資家の売買動向を分析する必要があります。

重要な点は、2013年から2023年まで日銀総裁を務めた黒田東彦《はるひこ》氏の下で、日銀が国債の最大の投資家ともいえる存在になったことです。したがって、日銀の行動を理解し、予測するうえでも、日銀の金融政策を理解する必要があります。実際、日銀の政策変更は国債市場に最も影響を与えるイベントの一つといえます。金融政策は為替や株価など資本市場に与える影響が大きいことから、新聞などのメディアでも大きく報じられます。

そもそも金融政策とは、インフレ率を低位で安定させるため、中央銀行がさまざまな手段を用いて経済を動かすことを指します[*22]。歴史的には、景気が悪いときに短期金利を下げ、景気が良いときに短期金利を上げる政策が実施され、この短期金利は金融政策の「操作目標」と表現されます。日銀はそのために、例えば、国債の売買を行っており、これは「公開市場操作（オペレーション）」と呼ばれています（市場参加者は「オペ」と略します）。「買いオペ」や「売りオペ」という表現をどこかで聞いたことがあるかもしれませんが、「買いオペ」とは日銀が国債を購入するオペレーションであり、「売りオペ」とは日銀が国債を売却するオペレーションです。日銀が国債を購入することで国債の金利動向が変化しうるため、国債市場の参加者は日銀の動向を日々注視しています。

日銀の金融政策の歴史を紐解くと、短期金利がゼロになり、これ以上は大きく金利を引き下げられない中、日銀は金利の操作目標を短期金利ではなく、長期金利の水準や、マネタリーベース、国債などの資産購入額としてきました。こういった、短期金利以外を操作目標にするなどの政策をしばしば「非伝統的金融政策」といいます。非伝統的な金融政策が、日銀にとっては昨今、日常的になっていることが、日銀の政策についての理解を難しくしていると感じています。

日銀の金融政策は、それだけで1冊の本を書きたいくらいの内容なのですが、本章では、日銀が有するさまざまな機能の中でも、国債市場の動向を理解するうえで重要なものに焦点を絞って、日銀についての基本的な知識を整理します。金融政策を理解するうえで大切であることから、日銀の金融政策決定会合や政策委員会、企画局や金融市場局の役割などについて比較的紙幅を割いて説明します。そのうえで、次章では、日銀が国債を大規模に購入するようになった2013年以降の流れを説明します。

＊22 金融政策とはなにかという難しい問いがありますが、ここでは植田和男『大学4年間の金融学が10時間でざっと学べる』（2020年、角川文庫）の説明、すなわち、「中央銀行が、次節以降説明する様々な手段を駆使して、経済を動かすことを金融政策といいます。昨今、多くの国における金融政策の最大の目標は、貨幣価値を安定的に保つこと、より具体的には低率のインフレ率で安定させることと定められています」（p.134）を参照しています。

4．1　日本銀行の役割

金融政策決定会合（MPM）とはなにか

金融政策は、日銀が開催する「金融政策決定会合」において決定されます。市場参加者はこれを「決定会合」といったり、Monetary Policy Meeting を略して「MPM」といいます。

この決定会合は、市場参加者が最も注目するイベントの一つといっても過言ではありません。なぜかというと、この会合で金融政策が決定され、ここで決められた内容に沿って国債の購入などのオペレーションが実施されるからです。

決定会合は年8回開かれますが、事前に日程が公表されています（必要があれば、臨時の決定会合も開ける仕組みになっています）。金融政策の運営に変更がある場合、この会合で決定されるため、市場参加者は決定会合が開かれる前に、さまざまな予想を立てて、決定会合に挑みます。実際、決定会合の内容は新聞などで大きく報道されます。

決定会合は、2日間にわたって開催されます。1日目は主に日銀の執行部による経済情勢の見方などについて説明がなされます。2日目は政策委員による討議がメインになります。もちろん、経済見通しなどを考慮したうえで政策決定がなされるため、1日目も重要ですが、金融政策に関して意思決定がなされ、その結果が公表される2日目に注目が集まります。

決定会合の内容は、会合が終わった後、ただちにその概要が日銀のウェブサイトに公表されます。日本の場合、会合終了直後の公表となっているため、リリースされる時刻が決まっていないのが特徴です（米国の場合、発表時刻が決まっています）。基本的には12時前後にリリースされることが多いのですが、12時半を過ぎることもあります。

決定会合の終了直後にリリースされる内容は、その概要だけですが、決定会合の約1週間後[*23]に決定会合における主要な意見がまとめられた「主な意見[*24]」が公表されます。さらに、約1か月半後に、決定会合の概要を記載した「議事要旨」がリリースされます（会合の議事録そのものは10年後に公開されます[*25]）。このように決定会合の内容は、当日に概要が明らかにされ、その後段階的に詳細が明らかにされますが、市場参加者はこれらの文言がどのように変化したかを細

＊23　原則、会合の6営業日後に公表するとされています。
＊24　「主な意見」は2016年に決定会合の回数が年14回から年8回になる中で、議事内容の理解を高めることなどを目的に導入されました。

かく分析しています。

どのように日銀の政策変更を判断するか

前述のとおり決定会合の2日目が終わり次第、日銀からプレスリリースが出ます。市場参加者はそのプレスリリースを読むことで金融政策に変更があったかどうかを判断します。どのような政策変更があったかを理解するためには、これまでのプレスリリースではどのような記載がなされており、今回のプレスリリースではどこが変更されたかを見極めなければなりません。

私がプレスリリースを読む際には、かつての公表文のどの部分が今の政策にとって重要であるかを頭に入れておき、例えば、ある政策変更が予測される場合、どの部分の記載が変わるかということを事前にイメージしています。そのうえで、当日の公表文を読み、どこが変わったかをチェックします。

投資家は、大枠でどのような変更があったのかを、Bloombergなどのメディアを通じて把握することも少なくありません。実際、現状維持であれば、「現状維持」、利上げがあれば「0・25%へ利上げ」など、日銀が決定会合の内容についてプレスを出した直後に、ヘッドラインニュースが出てきます。

日銀は決定会合の2日目が終わった後（リリースが出た後）、記者会見を実施し、日銀総裁が政策について説明を行います。記者会見は、15時半から実施されます。*26 多くの市場参加者はパソコンなどで総裁の記者会見を見ます。総裁から説明がなされた後、質疑応答のセクションが設けられており、総裁の発言や反応が注目されます。総裁の発言次第では会見中に、為替などが大きく動くこともあります。

政策委員会

そもそも決定会合での意思決定は、「政策委員会」と呼ばれる委員会でなされます。政策委員会の委員は、総裁（1名）、副総裁（2名）、審議委員（6名）の計9名で構成され、その意思

*25 議事録公開に10年の期間を置いている理由は、政治的な影響を排除することなどが理由として挙げられます。10年経過後に、半年分ごとに取りまとめて年2回公表されます。

*26 会見は基本的に、日本の株式市場などがクローズした後に行われます。店頭市場は証券会社が作る市場なので、原理的に24時間開いていますが、株式市場や先物市場などの取引所取引には、市場が開いている時間と閉じている時間があります。

図表4-1　政策委員会の役割

政策委員会

金融政策を審議する会議（「金融政策決定会合」）

【開催頻度】
年8回開催

【審議事項】
・基準割引率および基準貸付利率
・金融市場調節方針
・準備率操作
・金融経済情勢の基本判断　等

その他の事項を審議する会議（「通常会合」）

【開催頻度】
原則火曜日、金曜日に開催

【審議事項】
・信用秩序維持に資する業務
・考査に関する重要事項
・資金決済の円滑に資する業務
・国際金融業務
・業務、組織運営の基本方針
・経費の予算、決算等経理に関する事項
・理事及び参与の推薦　等

（出所）日本銀行

決定は委員による投票での多数決でなされます。日銀には金融政策を立案する企画局というセクションがあり、典型的には、企画局で練られた案を土台に議論されます（審議委員が独自で提案することもできます）。

前述の決定会合は、この政策委員会の会合のうち、金融政策の運営に関して審議・決定する場所です。決定会合が年8回開催されることはすでに説明しましたが、決定会合以外にも、政策委員会は週2回、通常会合（原則として火曜日と金曜日）を行っており、日銀の業務に係《かか》わる幅広い議論や意思決定を行っています。図表4－1は政策委員会の役割を説明したものです。

政策委員のこれまでの顔ぶれを見ると、

総裁・副総裁は日銀のプロパー（生え抜き）職員や財務省出身者、学者が就く傾向があります。決定会合において議題の審議を行う審議委員は、民間出身者、学者など多彩なバックグラウンドで構成されており、幅広い意見を取り込むよう工夫されています。

市場参加者は、各政策委員が金融政策にどういうスタンスを持っているかを分析します。金融政策については、短期金利の引き下げや資産購入の増加などを「金融緩和」、短期金利の引き上げや資産売却などを「金融引き締め」と表現しますが、緩和的なスタンスを「ハト派（Dovish）」と、引き締め的なスタンスを「タカ派（Hawkish）」と表現します。[*27] 各政策委員がどれくらいハト派かタカ派かを図にして、金融政策のスタンスについて分析することもあります。

決定会合で投票権を有する総裁、副総裁および審議委員はみな日銀に常勤しており、企画局をはじめとする日銀のスタッフと常日頃からコミュニケーションを取っています（政策委員は決定会合のときだけ金融政策の議論を行っているわけではありません）。実際の政策の立案にあたって

＊27 タカ派とハト派は、もともとは政治的傾向を示していますが、金融政策の文脈では、タカ派は、好戦的なインフレファイターという意味合いで用いられ、ハト派はそれに対する反意語として使用されています。

は、各委員とのコミュニケーションや決定会合での議論から推察される各委員の考え方を踏まえたうえで、企画局において総裁が提示する金融政策が作り上げられていくと理解しています。日銀の中でも金融政策の企画を担う企画局、特に政策企画課（旧企画一課）は、約30人以下の小さな所帯ではありますが、精鋭が集まっているとされています。

日銀が有するリサーチ機能

日銀は金融政策を運営するうえで、インフレや金利動向など日本経済に加え、海外経済の状況を正しく把握する必要があります。実体経済については調査統計局、金融システムについては金融機構局、市場動向については金融市場局がそれを担当し、幅広い内容がカバーされています。

日銀のリサーチについて私見を述べれば、中央省庁や民間シンクタンクなどのリサーチに比べて、本格的かつ詳細な調査という印象です。決定会合で年4回公表される「展望レポート」に加え、銀行を軸にした金融システムの分析である「金融システムレポート」、オペレーションについて分析した「各年度の金融市場調節」など、アウトプットが非常に充実しています。さらに、独自に企業に対してアンケート調査を実施し、景気実態やその予測を把握する「日銀短観」もリリースしています。

米国の中央銀行に比べ、日銀はリリースする学術論文が少ないという意見もありますが、学術研究を踏まえた論文も定期的にリリースされています。経済学者や金融機関のエコノミストなど日銀出身者の活躍は目立っています。

また、中央省庁と比べて、日銀はリサーチに人材を割いているとも感じます。中央省庁だと各局・各課に複数の政策があるのに対して、日銀の政策は政策金利の調整や資産購入などの金融政策に集約されています。その判断を行うための調査に、人材を多めに配置しているという印象を持っています。

4．2　市場参加者から見た日銀決定会合

決定会合において重要なのは、事前に市場参加者が、その内容について議論し、予測したうえで会合に挑むということです。決定会合後に、市場が乱高下することがありますが、これは実際に政策が変更されたかどうかより、市場参加者による予測と乖離《かいり》があったことを意味します。

例えば、決定会合により利上げがなされたとしても、当日あまり市場は動かないかもしれません。なぜなら、利上げがなされるということがすでに予測されていれば、利上げによる影響が事前に市場に織り込まれてしまっているためです。

読者も例えば、明日、政策変更があり、その変更の結果、株価が上がると予想していれば、今、株を購入すると思います。ただ、もし多くの人がそのように予想していれば、同じように、現時点で株を買うことで、政策変更がなされる前に、株価は上昇してしまうわけです。逆にいえば、決定会合の当日にマーケットが動くとしたら、市場参加者が予測したものと違う結果、すなわち、サプライズがあったから、ということになります。

厄介な点は、日銀が実施したい政策とは異なる予測を市場参加者が持っていた場合、日銀が意図しない形で、金融市場に影響を与えてしまうことです。例えば、日銀が利上げを短期的にはするつもりがないにもかかわらず、利上げを急速に実施すると市場参加者が考えた場合、株価や為替市場に影響を与えることになります。例えば、2024年8月5日に、市場参加者が想定したよりも日銀の利上げのペースが速いと市場が解釈したことなどを受けて、株価が暴落するということがあり、日銀の内田眞一《しんいち》副総裁は、8月7日に北海道函館市で開いた金融経済懇談会において「金融資本市場が不安定な状況で利上げをすることはない」などと述べるという出来事もありました。

したがって、日銀としても、自分たちの政策による影響が正しくマーケットに反映されるよう、将来の政策の方向性について事前に発信することが大事になってきます。このように日銀が、将来の政策の方針を前もって表明し、日銀が望む方向に市場参加者の予測を誘導することを「フォワード・ガイダンス」といいます。ちなみに、日銀においてフォワード・ガイダンス導入の議論を始めたのが、１９９９年に当時審議委員だった植田和男氏（現日銀総裁）とされています。

市場参加者はどのように日銀の政策を予測するか

ここで前章のように、読者が再び、証券会社のトレーダーであるという設定を思い出してみましょう。トレーダーにとって、マーケットのコンセンサスを把握するということは市場を理解するうえで極めて重要です。なぜなら、コンセンサスを軸に、そこからの乖離によりマーケットの反応が決まるからです。

日銀は物価の安定を目標に金融政策を実施していますが、読者が市場参加者であれば、日銀の政策を予測して、トレードで利益を上げることが目的です。特に、金利はすべての資産に影響を与えるので、運用に関わる人にとって金融政策の方向性を正しく予測すること、さらに、マーケットのコンセンサスを把握することは極めて重要です。

市場のコンセンサスを把握するために、さまざまな方法が用いられています。例えば、米国の金融市場では、金利先物と呼ばれるデリバティブの価格に立脚し、利上げ確率や利下げ確率が計算されています。読者の中には、新聞やテレビなどで「金利先物によれば利上げ確率は70%である」などといった報道を目にしたことがあるかもしれません。これは金利先物から予約金利を計算し、予約金利を「予測金利」と読み替えて、中央銀行による利上げや利下げを予測しているわけです。

日本でも金利先物は取引されていますし、また、金利スワップと呼ばれるデリバティブの価格に立脚して、利上げ確率や利下げ確率を計算することができます（この考え方は第8章で説明します）。しかし、そもそも、この20年くらいは、短期金利をゼロ近傍に誘導する「ゼロ金利政策」や、短期金利をマイナス金利にする「マイナス金利政策」が導入されており、短期金利の変動がほとんどありませんでした。そのため、円金利市場において、利上げ確率や利下げ確率といった議論がなされるようになったのは、利上げが本格的に議論されるようになった２０２４年からという印象です。

日本の金融政策を予測するうえで、よく用いられているものは、金融機関のエコノミストやアナリストの市場予測です。前述のとおり、証券会社などではエコノミストやアナリストがリサーチを行っていますから、例えば彼らに、いつ利上げがありますか、日銀による国債購入はどれくらいになりますか、などという形でアンケートを取って、それを平均化することでコンセンサスを把握するわけです。また、サーベイという観点では、金融情報サービス企業のＱＵＩＣＫやBloombergなどが市場参加者にアンケートを定期的に行っており、市場参加者がなにを考えているかを把握することができます。

メディアも独自のソースでヒアリングなどを行い、決定会合前に多くの情報発信をしています。特に、２０２３年より植田総裁の体制になってからは、大手新聞社により事前に政策変更が記事になることが増えたという見方もあります。そのため、決定会合の前にその内容を市場参加者が把握してしまい、大きな政策変更があったにもかかわらず、当日はまったく動きがないということもありました。

日銀も定期的に市場参加者との交流を図っています。前述のとおり、日銀は、国債購入などのオペレーションを実施しており、その相手は金融機関の実務家ともいえます。そのため、日銀は金融機関の実務家とは定期的にやり取りをしています。また、「債券市場参加者会合」と

図表4-2　日銀の組織図

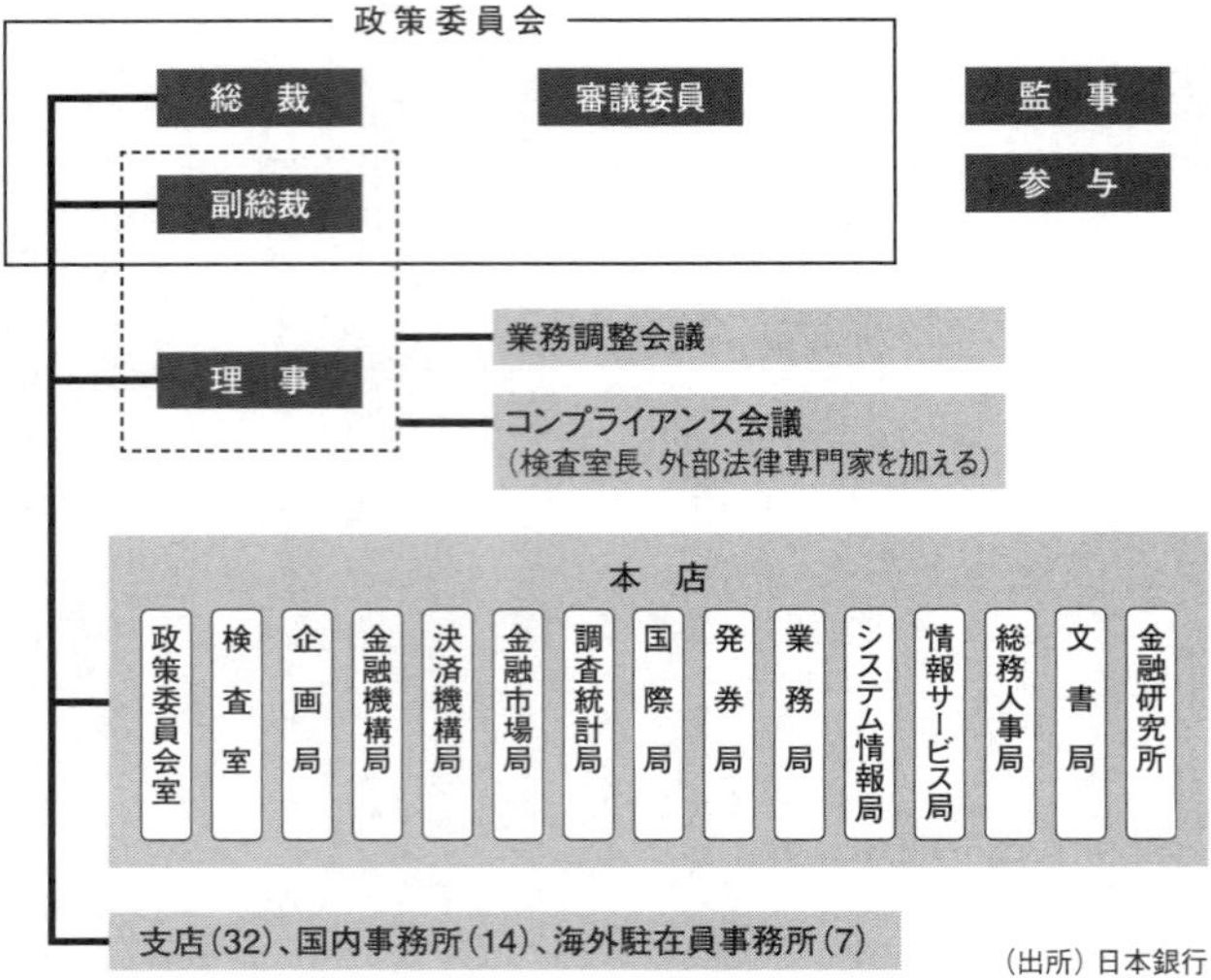

(出所) 日本銀行

呼ばれる会合を定期的に開催しており、市場参加者と意見交換を行っています。

4.3　日銀の組織と金融市場局

前述のとおり、日銀には金融政策の決定を行う政策委員会があり、金融政策に関する企画・立案などを行う企画局があります。そのほかに、金融機関のモニタリングや調査を行う金融機構局、短観などの統計作成や主に日本国内の実体経済の調査を担う調査統計局、決済に関する企画・立案などを行う決済機構局など、複数の局があります(図表4-2が日銀の組織図です)。

国債市場という観点では、日銀による国債購入が特に注目されますが、この具体的なオペレーションは、金融市場局により実施されます。金融政策そのものは決定会合で決められますが、そこで決められた金融市場調節方針を実現するため、金融市場局が、国債の購入や貸し出しなどのオペレーションを実施しています。

例えば、日銀が国債を購入する際、市場参加者と具体的にやり取りを行うのは金融市場局の市場調節課です。読者が国債のトレーダーであれば、日銀職員の中で最も接点があるのは金融市場局に所属する職員ということになります。

図表４－３が金融市場局の体制です。実際のオペレーションを担っているのは市場調節課ですが、総務課は、総務的な機能に加え調査などを担っています。市場企画課は市場整備や市場参加者との会合などを担当しています。為替課は、為替介入に関する事務など為替関係を担当しています。

図表4-3　金融市場局の体制

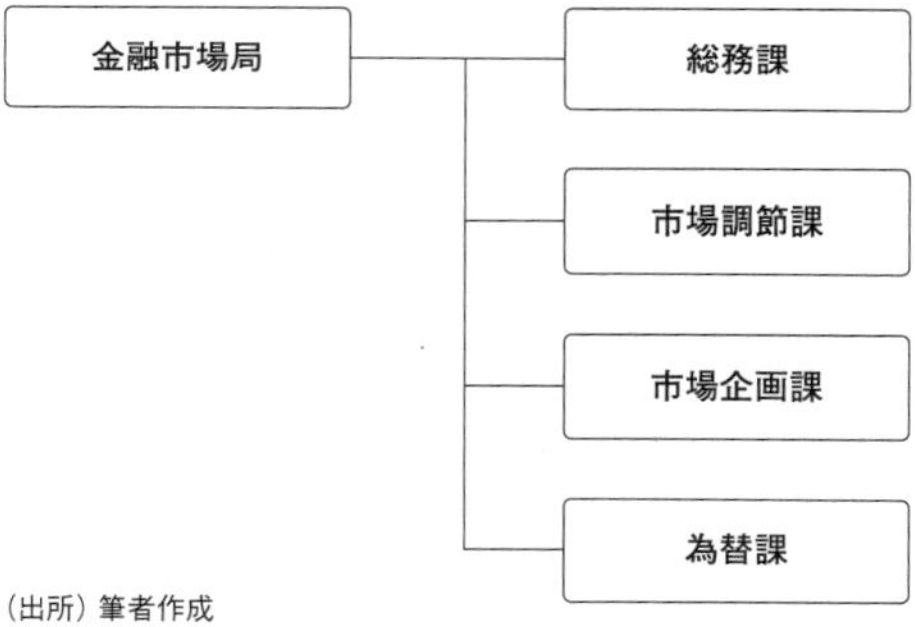

（出所）筆者作成

4．4　オペレーションはどのように行われるか

ここから、日銀が国債を購入するオペレーションがどのように実施されているかについて考えていきます。読者が国債のトレーダーであれば、一番気になることといえば、もちろん、日銀がどの年限の国債をいつ、どれだけ購入するかです。なぜなら日銀による国債の購入は金利に影響を与え、それは読者の損益に影響を与えうるからです。

現在（2024年12月時点）、日銀は月末に、向こう2～3か月の国債購入予定額の詳細を公開しています。図表4－4がその一例ですが、市場参加者はしばしばこれを「オペ紙《がみ》」と呼んでいます。事前に国債購入の詳細が示されるため、日銀による国債購入には不確実性は少ないといえます。

もっとも、日銀のオペレーションに不確実性がないわけではありません。かつての「オペ紙」では、国債購入予定額にレンジが設けられていました。また、日銀はオペ紙で提示していないタイミングでも、臨時でオペレーションを実施することがあります（これを「臨時オペ」と呼びます）。特に金利が日銀の意図しない形で上昇した場合などには、機動的に臨時オペが実施

図表4-4　長期国債買入れ（利回り・価格入札方式）の四半期予定（2024年10～12月）

	残存期間 Residual maturity	1回当たりオファー金額[2] Purchase size per auction （単位:億円） (100 million yen)	月間オファー金額 Monthly purchase size （単位:億円） (100 million yen)	オファー日程[3,4] （10月分） Scheduled dates (October)
利付国債[1] JGBs with coupons	1年以下 Up to 1 year	1,500	1,500	10/2
	1年超3年以下 More than 1 year and up to 3 years	3,250	13,000	10/2、7、11、18
	3年超5年以下 More than 3 years and up to 5 years	3,250	13,000	10/2、7、18、28
	5年超10年以下 More than 5 years and up to 10 years	3,750	15,000	10/7、11、18、28
	10年超25年以下 More than 10 years and up to 25 years	1,500	4,500	10/7、11、28
	25年超 More than 25 years	750	1,500	10/2、18
物価連動債 Inflation-indexed bonds		600	600	10/28
			計　49,100	

―― 2025年1～3月分の公表は、2024年12月27日17時を予定。
The announcement on the quarterly schedule for January through March 2025 will be published on December 27, 2024 at 5 p.m.

（注1）クライメート・トランジション利付国庫債券を含み、物価連動債、変動利付債を除く。
（注2）オファー金額は目安です。実際のオファー金額は、オファー通知等で確認してください。
（注3）市場の動向等を踏まえて、必要に応じて回数を変更することがあります。上記以外の日にオファーする場合のオファー金額は上記の金額とは限りません。なお、買入対象銘柄の残存期間が重複する利付国債の入札日（流動性供給入札を含む）には、原則としてオファーしません。
（注4）2024年11月の日程は、2024年10月31日17時に公表を予定。
（出所）日本銀行（一部割愛）

される印象です。国債のトレーダーである読者としては、日銀が、オペ紙にないスケジュールでいきなり国債を購入することがあることにも留意する必要があります。

国債の購入はどのように実施されるか

日銀の買いオペで重要なのは、日銀は（財務省が実施する発行市場における）オークションに直接参加するのではなく、すでに発行された国債を取引する流通市場（中古市場）で国債を購入する点です。[*28]

日銀が流通市場で取引されている国債を購入する理由は、財務省が発行する国債を直接購入することが「財政ファイナンス」と呼ばれ、財政法で禁じられているからです。[*29]これを「国債の市中消化の原則」といいます。厳密にいえば、国債の発行市場において日銀が直接買うケースも一定額あるのですが、その額は全体からすれば小さく、また、その金額の変動も小さいことから、市場で注目される日銀による国債の購入は流通市場で取引されるものです。

もっとも、日銀は、証券会社のセールスに電話をかけてきて国債を買うわけではありません。日銀が国債を買う際には、財務省が国債を発行するときと同様、オークションを実施します。このオークションに参加するのは証券会社のトレーダーや、国債を保有している銀行などです

（オペレーションに応札できる金融機関はあらかじめ決まっており、「オペ先」などと呼ばれます）。トレーダーである読者が十分に在庫を有していて、日銀に売ってもよいのであれば、自分にとって得になるプライスで日銀が実施するオークションに参加すればよいということになります。

日銀によるオペレーション：オークションの実施

国債購入に際し、日銀が実施するオークションのイメージは図表4－5です。日銀が購入量および購入対象の年限を通達し、オペに参加できる金融機関が応札します。例えば、「5年から10年の国債を5000億円購入するため、対象となる金融機関は応札してください」とアナウンスするのです。

＊28　これまで長く買いオペのみ実施されているため、ここでは買いオペを前提とした説明をしています。

＊29　財政法第5条では「すべて、公債の発行については、日本銀行にこれを引き受けさせ、又、借入金の借入については、日本銀行からこれを借り入れてはならない。但し、特別の事由がある場合において、国会の議決を経た金額の範囲内では、この限りでない」と定められています。

図表4-5　日銀が国債を買い入れる際に実施する オークションのイメージ

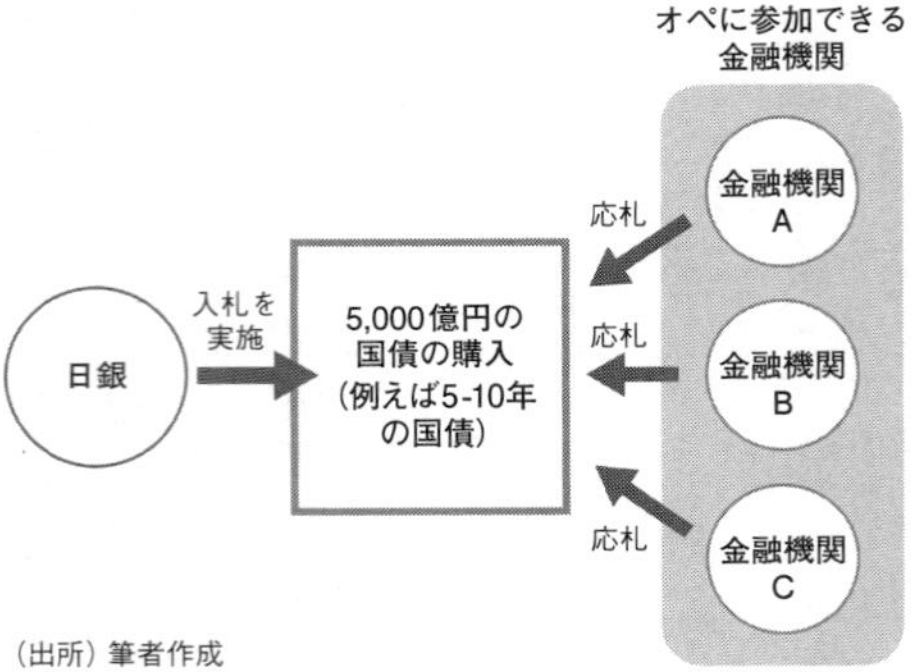

（出所）筆者作成

ここで読者に注意を促したい点は、国債を発行するオークションでは、財務省が国債を「売却」するオークションですが、日銀が実施するオークションは、金融機関が保有する国債を日銀が「購入」するオークションである点です。したがって、日銀はできるだけ国債を安く買いたいと考えている一方、国債を保有する金融機関はできるだけ日銀に高く買ってもらいたいと考えています。

日銀は、オペ先である金融機関にまず購入の対象となる国債やその金額を提示します。金融機関はそれに対して、自分が売りたい国債の値段と金額を提示します。日銀は、価格が安い札（注文）から順番に落札して、購入したい額に達したら落札を終えます。前章で、チケットの売却の事例を紹介しましたが、今度はチケットを購入するためのオークションを実施するというイメージです。

日銀がどんどん国債を買っていくと、市中に出回る国債が減りますから、金融機関全体で保有する国債の在庫は減っていきます。トレーダーである読者の保有する国債の在庫も基本的には少なくなるでしょう。

読者としては、日銀の入札に応じても応じなくても、それは自由です。はっきりしていることは、読者は、国債のトレーダーとして利益を上げることを目的としているので、誰かが高い値段で買ってくれる可能性があるなら、それは日銀でも民間の投資家でもどちらでもかまわないということです。

理屈上、日銀はオークションを実施したら、トレーダーである読者は好きな価格でオークションに応札することができます。ただし、読者が市場実勢から外れた高い値段を日銀に提示したとしても、受け入れられないことがほとんどでしょう。というのも割高で日銀に買わせることができるのであれば、ほかの人がそれより安い価格を提示することで、彼らが利益を上げられるからです。オークションには数多くの金融機関が参加するため、競争することで適切な価格形成がなされるよう工夫されています。

財務省がどのように国債の発行額や発行年限を決めるかは、第7章で説明しますが、年末におおよその概要が決まり、毎月決まったタイミングでオークションが実施されることで国債が供給されます。したがって、読者としては、財務省が実施するオークションで、安く国債を仕入れてきて、それを日銀に高値で売ることができれば、利益を得られます。実際、ある期間、市場参加者は、国債のオークションの翌営業日には日銀が買いオペを実施すると考えていました。したがって、財務省から国債を仕入れてきて、一時的に在庫として保有し、翌営業日に、仕入れ価格より高値で日銀に売るという取引がなされていました。この取引は「日銀トレード」などと呼ばれています。

第5章　国債からわかる日本の金融政策史：量的・質的金融緩和から量的縮小へ

前述のとおり、伝統的な金融政策では、景気が良ければ短期金利を上げ、景気が悪ければ短期金利を下げることで物価の安定を図ります。しかし、そもそも日本の金融政策の特徴は、近年、短期金利を（マイナスを含め）基本的にはゼロ近傍へ誘導するよう推移しており、そのため市場参加者が金融政策の変更を議論する際の論点は、短期金利の変更ではないことがほとんどでした。

現在の日銀の動きを理解する難しさは、これまでの金融政策の変遷について適切に把握していないと、現在がどのような状況にあり、今後、どの方向に政策が向かっていくかを把握できないということです。特に、国債市場への影響という観点では、２０１３年以降に実施されたさまざまな政策変更を理解し、それが国債購入にどういった影響を与えてきたのか、その流れを理解する必要があります。もっとも、それは容易ではありません。

そこで、本章では２０１３年以降の金融政策の変遷について、特に国債市場との関係で議論を進めていきたいと思います。

5．1　日銀当座預金とマネタリーベース

まず、日銀による国債購入に関する重要な出来事は、２０１３年4月に、黒田東彦総裁（当時）の下でデフレからの脱却を目指して導入した、量的・質的金融緩和（QQE, Quantitative and Qualitative Monetary Easing）です。量的・質的金融緩和とは、その名のとおり、「量」および「質」の観点で大規模な緩和を実施する政策です。まず、「量的」緩和とは、それまでにない規模で国債などの資産の買い入れを行うという政策です。ＱＱＥの開始時には、マネタリーベースを年間60兆〜70兆円程度増やすという目標が立てられました。「マネタリーベース」そのものは後ほど説明しますが、この達成のため、年間60兆円程度、国債を大規模に購入することがアナウンスされ、これまでにない規模の緩和政策が実施されました[*30]。前述のとおり、伝統的な金融政策は短期金利を操作するものですが、ＱＱＥでは、操作目標を無担保コールレートと呼

ばれる短期金利からマネタリーベースへと変えました（無担保コールレートについては第9章で説明します）。

一方、「質的」な緩和とは、これまでとは質的に異なった資産を購入する政策です。国債の購入に関していえば、それまでは短い年限の国債のみ購入していましたが、すべての年限の国債を購入することとしました。また、日銀が購入する国債の平均年限を長期化しました。これは、日銀がより金利リスクを取る（購入する国債のデュレーションをのばす）政策だといえます。本書では取り上げませんが、日銀による株式の購入[*31]が大幅に増えたのもこの時期です。

＊30　当時、毎月の長期国債のグロスの買い入れ額は7兆円強が見込まれていました。日本銀行「『量的・質的金融緩和』の導入について」（２０１３年４月４日　https://www.boj.or.jp/mopo/outline/ref_qqe.htm）を参照。

＊31　厳密には、日銀はＥＴＦ（Exchange Traded Funds、上場投資信託）と呼ばれるファンドを購入しています。

マネタリーベースとはマネー（貨幣）の狭義の定義

ＱＱＥではマネタリーベースの増加を目標としていますが、マネタリーベースは、経済学部に所属する学生が、初級のマクロ経済学で必ず学ぶ概念です。直感的には、マネタリーベースとは、狭い意味での「マネー（貨幣）」のことです。そう考えると、ＱＱＥにおいてマネタリーベースを増やす政策とは、（狭義の）「貨幣」をこれまでにない規模で増やす政策だと言い換えることもできます。

「貨幣」とはなにかという話をすると深淵《しんえん》な話になってしまいますが、その重要な機能の一つは「決済性」です。すなわち、私たちが「貨幣」と呼ぶものは、なにか取引をしたいときに、それを出せば決済がなされるという特徴を有しています。

それでは、具体的に「貨幣」とはなにかというと、すぐに思い浮かぶものは、私たちが普段用いている「現金通貨」です。加えて、私たちの生活では銀行の「預金」から振り込みをして決済することも少なくないため、預金も「貨幣」に含むことができるでしょう。例えば、なにかを買うときに、現金ではなく、預金での振り込みや引き落としを行うという経験はみなさんにもあるはずです。

したがって、「貨幣」とは、「現金通貨」に「預金」を加えたものと整理できます。先ほど、マネタリーベースとは狭義の貨幣だと説明しましたが、マネタリーベースの定義では、「現金通貨」に加え、預金については、民間銀行が日銀に有する口座、すなわち「日銀当座預金」のみに絞っています。[*32] これは、日銀が直接コントロールできる預金に限定しているということで、そのため「狭義」の貨幣といえるわけです。民間銀行の預金や現金を合計したものは、「マネーストック」や「マネーサプライ」と呼ばれ、これは貨幣に関する「広義」の定義といえます。

QQEでは、前述のとおり、年間で60兆~70兆円のマネタリーベースを増やすことを目標としましたが、これは日銀がコントロールできるマネーを年間で60兆~70兆円増やすこと（すなわち、大規模に緩和すること）を意味します。

バランスシート（貸借対照表）とは

それでは日銀が国債を購入することにより、どのようにマネタリーベースを拡大させるのか

＊32　正確には、マネタリーベースは「日本銀行券発行高」、「貨幣流通高」、そして「日銀当座預金」の合計です。

図表5-1　バランスシートのイメージ

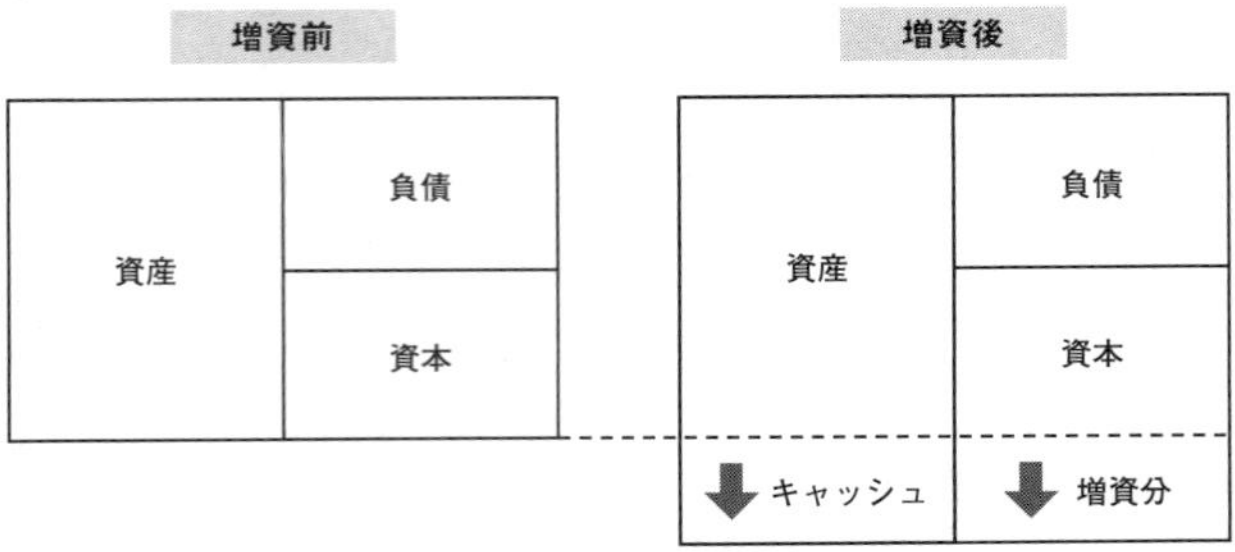

（出所）筆者作成

を考えるため、若干テクニカルではあるのですが、少し丁寧に日銀のバランスシート（貸借対照表）について説明していきます。

というのも、日銀の政策や国債市場について理解するためには、日銀や金融機関のバランスシートの動きを理解することが非常に重要であるからです。例えば、近年は日銀が国債を大量に保有していることから、日銀のバランスシートがどのようになるかということが、金融政策の運営や金利動向を考えるうえで議論されます。後述しますが、日銀が保有する国債がストック面から減少することを「量的引き締め（QT, Quantitative Tightening）」と呼び、日銀の金融政策だけでなく、米国の金融政策を理解するうえでも必須の知識になっています。

そもそもバランスシートとは、ある企業の一定時点における、資産・負債などの状態を表した書類です。会計や簿記の勉強をすると、企業の売上高など、経営のフローを把握するものとして損益計算書、ストックを表すものとしてバランスシートを学びます。

図表5－1がバランスシートのイメージです。ある企業のストック面に注目し、その資産を左側、負債・資本を右側に記載します。例えば、ある企業が株式を発行して資金調達をし、キャッシュを保有したら、図表5－1の右図のように、資本が増えると同時に資産としてキャッシュが増えます（紙幅の関係で、バランスシートの説明は最低限にしますが、必要に応じてほかの書籍などを参照してください）。

買いオペ時の日銀と民間銀行のバランスシート

ここから日銀のバランスシートを意識しながら、日銀による国債の購入とマネタリーベースの関係を考えていきます。具体的には、日銀が国債を民間の銀行から買い入れることにより、日銀と民間銀行のバランスシートがどのように変化するかを議論します。

図表5－2が日銀のバランスシートですが、話を簡単にするため、現時点で日銀はなにも持っていないとしましょう。

図表5－3が民間銀行のバランスシートです。民間銀行は国債を保有しているため、左側

図表5-2　買いオペ前の
日銀のバランスシート

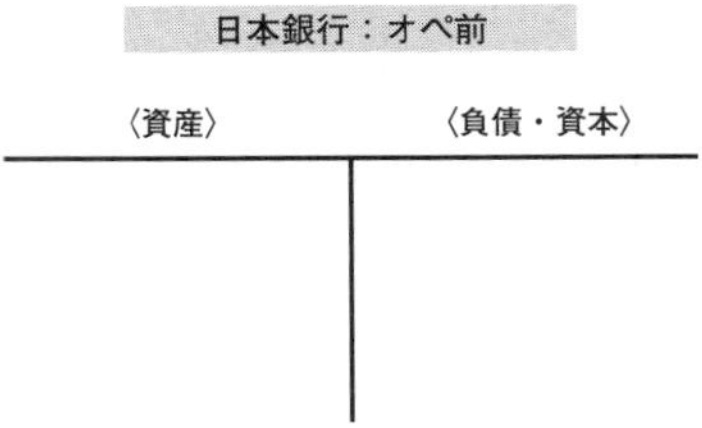

（出所）筆者作成

図表5-3　買いオペ前の
民間銀行のバランスシート

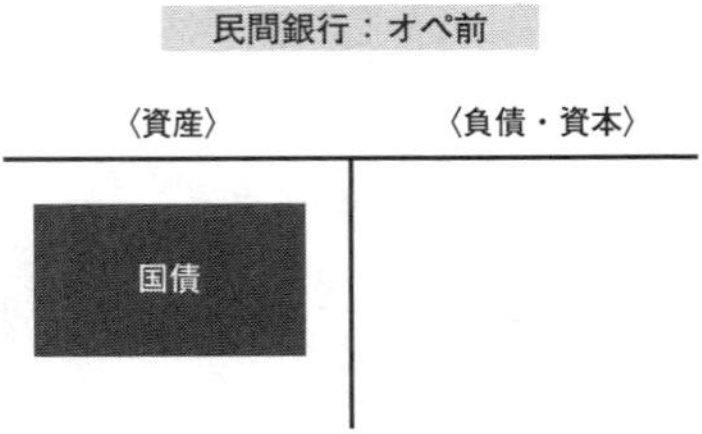

（出所）筆者作成

（資産側）に保有資産として国債が計上されています。ここでは国債の購入にのみ焦点を絞りたいため、その他は記載していません。

上記を前提に、日銀が買いオペを実施します。具体的には、前章で説明したとおり、日銀がオークションを実施して、民間銀行が保有している国債を購入します。民間銀行がオークションに応札した結果、日銀は民間銀行が保有している国債の半分程度を落札できたとします。

ここで考えたいことは、この日銀の買いオペにより、日銀と民間銀行のバランスシートはどうなるかです。

まず、日銀が民間銀行から国債を購入するため、日銀の資産側に国債が計上されます（図表

図表5-4　買いオペ前後の日銀のバランスシート　（出所）筆者作成

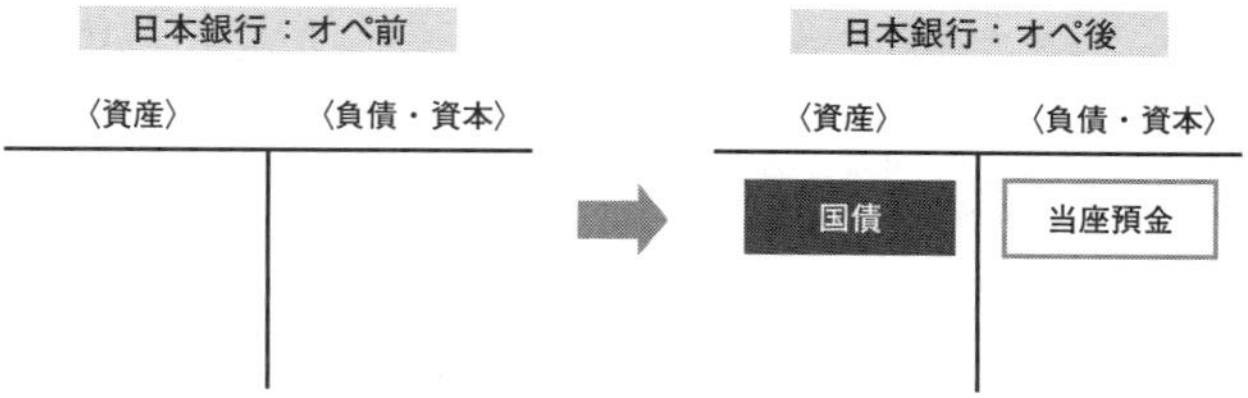

図表5-5　買いオペ前後の民間銀行のバランスシート　（出所）筆者作成

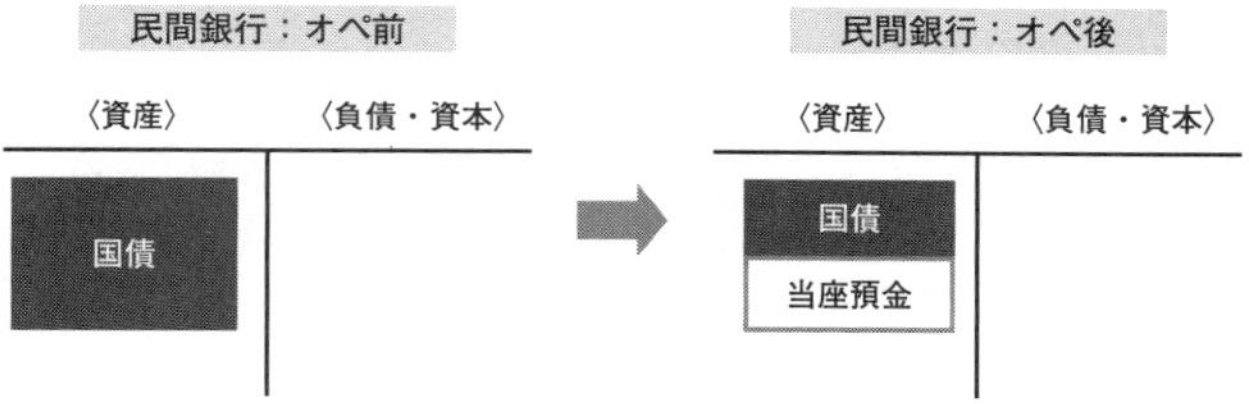

5-4）。重要な点は、日銀はその購入のために、民間銀行が日銀に有する口座（当座預金）で支払いをする点です。したがって、日銀のバランスシートは図表5-4の右図のようになります（銀行にとって預金は返さなければならないものですから負債に計上されます）。前述のとおり、当座預金はマネタリーベースの構成要素なので、日銀の保有する国債が増加するとともに、マネタリーベースが増加している点に注意してください。

民間銀行のバランスシートはどのようになるかというと、保有していた国債の半分が日銀に買われる一方、日銀から当座預金で支払われるため、資産に当座預

図表5-6　日銀のバランスシート（2024年7月末）

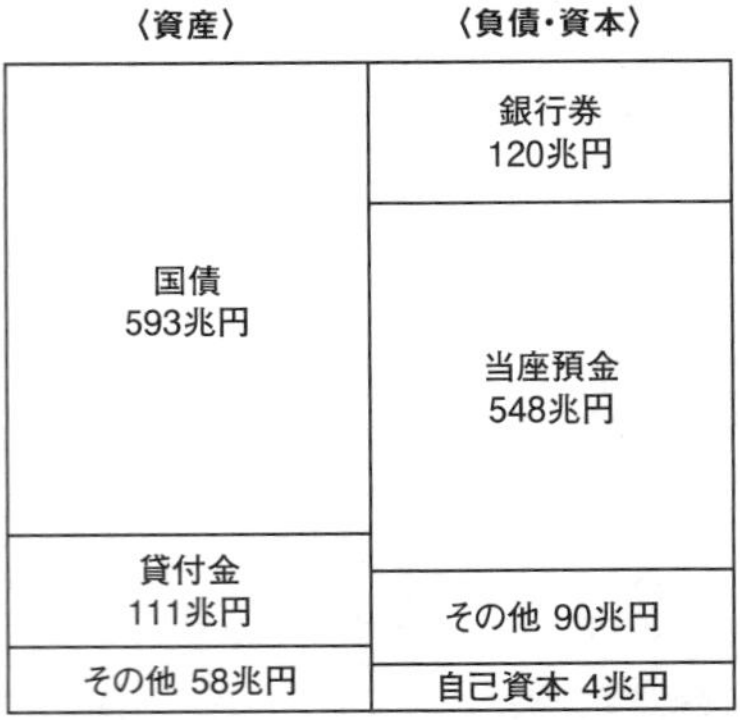

（出所）日本銀行

金が増え、国債が減ることになります。したがって、買いオペ後の民間銀行のバランスシートは図表5－5の右図のようになり、資産側が国債と当座預金になります。

　上記のように、日銀が民間銀行から国債を購入することで、日銀のバランスシートは、マネタリーベース（日銀当座預金）と国債が両建てで増えることがわかります。

　2024年7月末時点における日銀のバランスシートは図表5－6のとおりです。これを見ると、資産サイドは8割近くが国債であることがわかります。また、負債・資本の9割弱がマネタリーベース（銀行券・当座預金）であることも確認できます。

5．2　イールドカーブ・コントロール（YCC）とはなにか

日銀は2013年から大規模な国債の購入を開始しましたが、導入してしばらくたっても、その効果が十分でないということで、その後、追加緩和をしていきます。まず、2014年10月より、国債の購入量を増やすとともに、購入年限をのばすことで金利リスクへのリスクテイクを増やしました。これは「QQE2」と呼ばれています。

日銀はこれでも不十分だということで、2016年1月末に、日銀の当座預金の一部にマイナス金利を付す「マイナス金利政策」を導入します。先ほど、日銀が国債を購入すると、日銀の当座預金が民間金融機関の資産サイドで増加することを説明しました。2016年1月までは、日銀は、0・1%の金利を民間銀行に払っていましたが（このように当座預金に金利を払うことを「付利《ふり》」といいます）、マイナス金利政策とは、むしろ民間銀行が日銀に0・1%の金利を払わなければならないようにする政策です。マイナス金利政策は、当座預金の一部にマイナス金利を付すことで、民間の銀行がより一層貸し出しを増やすことなどを企図した政策といえます（付利制度については第9章で詳細に議論します）。

同年の9月、日銀はさらに、「イールドカーブ・コントロール（YCC, Yield Curve Control）」を導入します。[*33] 第2章で説明したとおり、イールドカーブとは図表5-7のように、さまざまな年限の国債について、縦軸を金利、横軸を年限としたうえで金利と年限をプロットしカーブを描くことでした。伝統的な金融政策とは短期金利を操作する政策でしたが、ＹＣＣとは、短期金利だけでなく、イールドカーブ全体をコントロールする政策です。具体的には、短期金利をマイナス金利に誘導するだけでなく、10年金利（長期金利）がゼロ近傍で推移するように誘導する政策を導入しました。

従来のマクロ経済学の教科書では、中央銀行は短期金利をコントロールできるものの、長期金利はコントロールできないと説明されてきました。しかし日銀は、10年国債の金利（価格）を自らが誘導したい水準に推移させるために、10年国債を無制限に購入するというオペレーションを導入しました。このオペレーションでは、10年国債の金利（価格）が、日銀が意図する水準より上昇（低下）した際、その金利を超えないように、日銀が10年国債の金利（価格）を指定して無制限に購入するという方法を取ります。

価格を指定して注文する方法を「指値《さしね》注文」ということから、このオペレーションは、「指値オペ」と呼ばれています。例えば、ある本の中古価格が現在、１００円としましょう。そして、その価格が日々上下するとします。その際、私が90円という値段を指定して、無制限に購入するとすれば、この本の価格が90円になった場合、私が無制限に購入するため、下限は90円になります。

日銀の指値オペにおいても、日銀が、10年国債を一定の価格で無制限に購入すると宣言するので、10年国債の価格に下限ができます。国債の価格と金利が逆の動きをすることを思い出せば、10年国債の価格に下限ができるとは、10年金利に上限ができること（10年金利は一定の水準以下で推移すること）を意味します。

このオペレーションの特徴は、日銀が10年金利をコントロールできている限りは発動されない点です。先ほどの例に戻ると、仮に、私が毎日、ある本を90円で無制限に購入すると宣言したところで、もしこの本がAmazonにおいて100円で取引されていれば、この本を売りたい人は安い価格を提示している私に売却するのではなく、Amazonで売却するでしょう。これと同様のロジックで、指値オペは、日銀が意図する水準未満に金利がある限り発動されません。

図表5-7　イールドカーブ・コントロールのイメージ（導入当初）

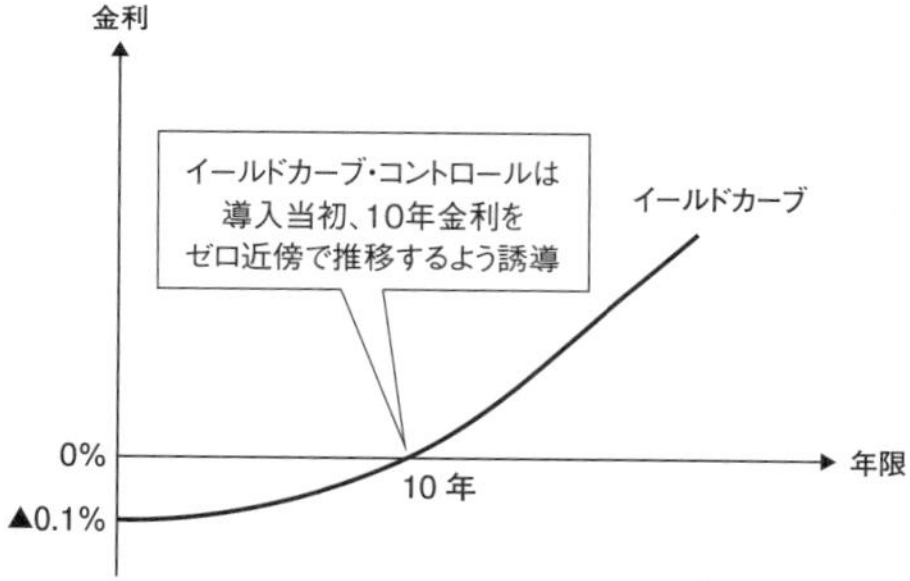

（出所）筆者作成

＊33　YCCはオーストラリアでも一時期導入されました。

もっとも、金利が上昇する局面で、指値オペが発動されたこともあります。特に、2022年に、国際的な金利上昇の中で、日本国債の10年金利が上昇する局面がありました。この金利上昇に対応するため、日銀は指値オペにより膨大な量の国債を購入し、10年金利をコントロールしました。これにより一時、10年国債のほとんどすべてを日銀が保有することになりました。

YCCからの出口戦略：10年金利レンジの拡大

2020年ごろから世界的に金利が上昇する中で、我が国でもインフレが進み始めます。また、例えばドル円は1ドル＝110円から160円程度に円安に進み、それは海外の中央銀行が利上げを進める中、日本が金利を低く抑えたことで、内外の金利差が拡大したからだ、という議論が展開されました。

このような環境下で、日銀によるYCCが徐々に出口に向かっていきます。YCCの出口戦略の特徴は、そのレンジを拡大していくことです。前述のとおり、YCCとは、10年金利をゼロ近傍に誘導する政策ですが、この「ゼロ近傍」が▲0・1%〜0・1%のレンジであるのと、▲1%〜1%のレンジで推移することを許容するのでは、イールドカーブをどれくらい強くコントロールしているかの程度が違います。日銀は当初、10年金利を▲0・1%〜0・1%という狭いレンジで厳格にコントロールしました。その後、そのレンジを拡大していくことで、長期金利がマーケットによって決まる余地を増やしていくという形を取ったわけです。

日銀はこのレンジを徐々に拡大し、具体的には次のような流れで出口に向かっていきました。

２０１６年10月から▲０・１％～０・１％
２０１８年７月から▲０・２％～０・２％
２０２１年３月から▲０・２５％～０・２５％
２０２２年12月から▲０・５％～０・５％
２０２３年７月から▲１％～１％

最終的に、２０２４年３月にＹＣＣを撤廃するとともに、マイナス金利政策を解除しました。日銀は、その後、利上げを実施しますが、その詳細は第９章で議論します。

日銀による政策変更と国債の保有残高

ここまで２０１３年以降の日銀の政策の流れを振り返りました。先ほど日銀のバランスシー

図表5-8　日銀の国債保有残高の推移

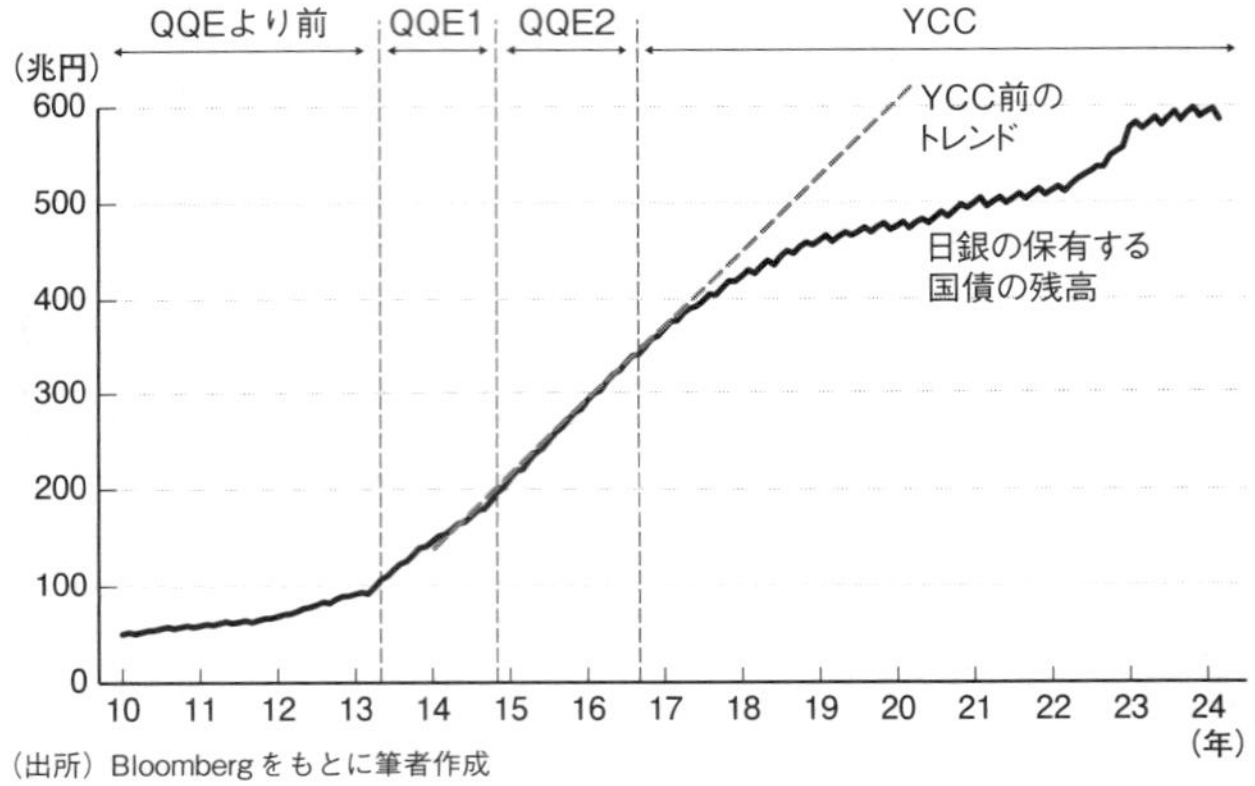

（出所）Bloombergをもとに筆者作成

トについて説明しましたが、ここからは日銀が保有する国債の残高に議論を移していきます。

図表5－8は日銀の国債保有残高の推移になります。2013年4月からQQEがスタートして、国債の保有残高の増加ペースが上がります。これは毎年マネタリーベースが増えるように国債を購入していったためです。2014年10月に購入ペースが上がりますが、これはQQE2による追加緩和が影響しています。

もっとも、この図を見ると、2016年9月からYCCが導入されて、国債の購入ペースが鈍化していることもわかります。YCCを導入して以降、国債の購入量が低下した理由は次のようなものです。

QQE導入当初は、マネタリーベースを増加さ

図表5-9　10年金利の推移

（出所）Bloombergをもとに筆者作成

せるために国債を購入しており、マネタリーベースの増加には具体的な目標が掲げられていました。したがって、QQE当初の政策運営は、まず年間の国債購入量を決めて、それをベースに購入していくという形が取られました。その意味で、まず国債の購入量が決まり、その結果、金利が決まっていたといえます。

一方、YCCは、前述のとおり、長期金利である10年金利をコントロールする政策といえます。そのため、購入量を決めて金利が決まるというより、まずはターゲットとする金利を決めて、それが実現するように購入額を決めるという政策といえます（筆者の論文ではYCCをこのように解釈して実証分析を行っています）。[*34]

図表5－9は10年金利の推移を示していますが、

QQEの期間（YCC以前）は金利にマイナスのトレンドがありました。そのため、この期間と同じペースで国債を購入すると、10年金利が0％近傍ではなく、マイナスで推移していく可能性がありました。したがって、10年金利が0％近傍で推移するようコントロールするため、国債の購入量を減らす必要があり、2017年以降、購入ペースが低下したと解釈されます。

日銀がYCCを導入して以降、国債の購入量を減らしていることは、市場参加者はすぐに気づいていました。国債の購入量を減らすことを「テーパリング」といいますが、日銀はYCCを開始してから国債購入額を減らすことを必ずしも明示していなかったことから、この期間のテーパリングを、「ステルス・テーパリング」と表現する市場参加者も少なくありません。

2024年3月にYCCを撤廃したと説明しましたが、それ以降、日銀は国債の購入量（フロー）の減額だけでなく、日銀による国債の保有残高（ストック）の減額も行っていきます。この「量的引き締め（QT）」については第9章で説明します。

為替と日銀の関係

本章の最後に、為替と日銀の関係について整理します。円安により日銀がYCCからの出口戦略に向かったと説明しましたが、厳密には、日本において為替は財務省が担当しており、日銀は為替については所管していません。2022年ごろから円安が進み、財務省による為替介入が話題になりましたが、為替については、財務省が判断することになっており、日銀が判断することではありません。日銀の金融市場局に為替課がありますが、財務省の指示に従い為替介入の事務を執り行っているだけです。実際、決定会合後の記者会見などで日銀総裁に為替の質問が相次ぎますが、日銀総裁としては、それは財務省の所管です、としか答えようがないはずです。

その一方で、日銀はインフレを安定化するという目標を有しています。したがって、円安によりインフレが進むのであれば、その意味で、円安は日銀の政策に影響を与えているといえます。例えば、円安になり、海外から輸入されたモノの値段が高くなり、それが日本にインフレをもたらすのであれば、円安は金融政策を変更する理由になりえます。実際、QQEにより物価上昇が達成される理由の一つとして、大規模な金融緩和が円安を招き、それが海外からの輸入物価の上昇につながることで、インフレをもたらすというチャネル（波及経路）はたびたび

＊34 Takahiro Hattori and Jiro Yoshida（2023）"Yield Curve Control" *International Journal of Central Banking* Vol. 19 No. 5, p.403-p.438.

議論されてきました。植田総裁も、円安が基調的なインフレに影響を与えるのであれば、それは金融政策に影響を与えうることを認めています。

そのうえで、これは私見ですが、為替はインフレという側面だけでなく、それ自体として金融政策の方向性に影響を与えていると感じています。日銀が認めることは決してありませんが、日銀の金融政策の変更について、為替も考慮して決定されたなどと報道されることも珍しくありません。私が学生だった2000年ごろから、ずっと「円高が悪い」という議論に触れてきたため、それが体に染みついていましたが、2022年ごろから急に円安の副作用を多くのメディアが指摘するようになりました。空気は一気に変わるのだなと感じたと同時に、円安を防ぐために、利上げが必要だということが活発に議論されました。有力な政治家から利上げをすべしという意見も出されました。

私個人の体験について言及すると、日銀の職員から、「日銀にとって通貨の価値が下がることほど恥ずかしいことはない」と伺ったことも強く印象に残っています。たしかに、円安とは、通貨に対する信認、ひいては日銀に対する信認が揺らいでいるとも解釈されます。そのため、為替は表向きには財務省の所管とはいえ、急速に進む円安については日銀としても複雑な感情を抱かざるをえないだろうと感じています。

第6章　銀行や生命保険会社と国債投資の関係

これまで国債の投資家として、日銀に焦点を当ててきました。しかし、日銀以外にも国債の重要な投資家がいます。2023年12月末の国債の保有者別内訳を見ると、日銀（47・9%）以外の大きな投資家として、民間の銀行（13・1%）と生損保（16・5%）が挙げられます（図表6－1）。

国債市場の市場参加者は、銀行に加え、保険会社の中でも特に生命保険会社の投資行動を細かく分析しています。なぜならば、国債市場においては、銀行は短期から長期までの国債を購入する一方、生命保険会社は20～40年債といった超長期国債を買う傾向があるからです（図表6－2）。この背景には、業態にあわせたリスク管理や金融規制があります。

そこで、本章では、そもそも銀行と生命保険会社がどのようなビジネスモデルであるかを説

図表6-1　国債の保有者別内訳

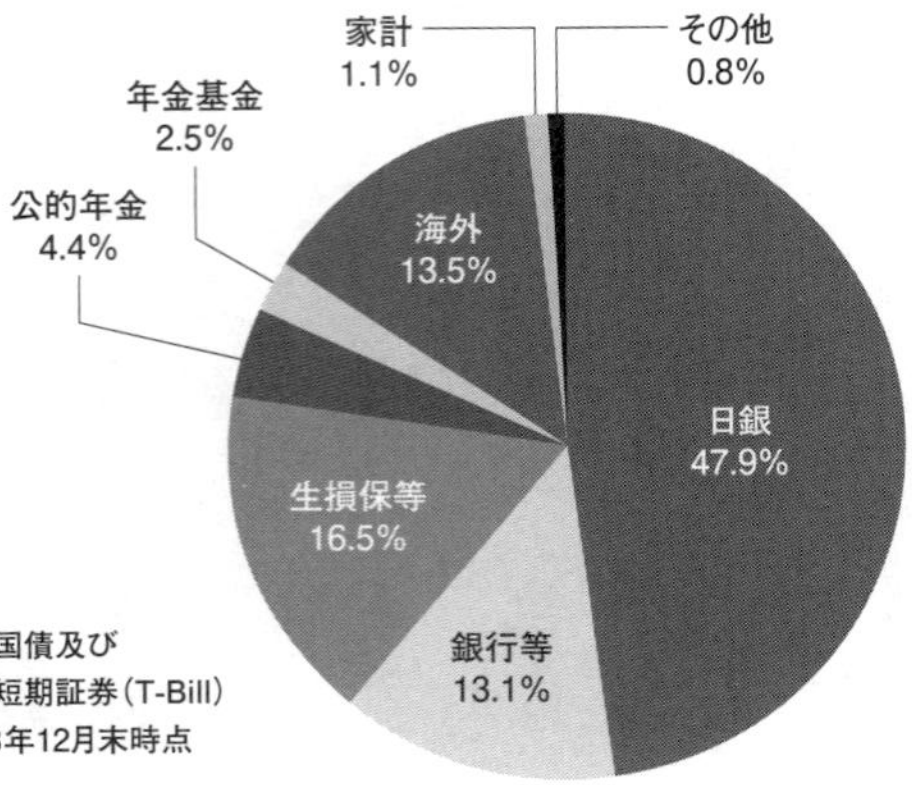

（注）国債及び
国庫短期証券（T-Bill）
2023年12月末時点

（出所）財務省

図表6-2　イールドカーブと銀行・生命保険会社の位置づけ

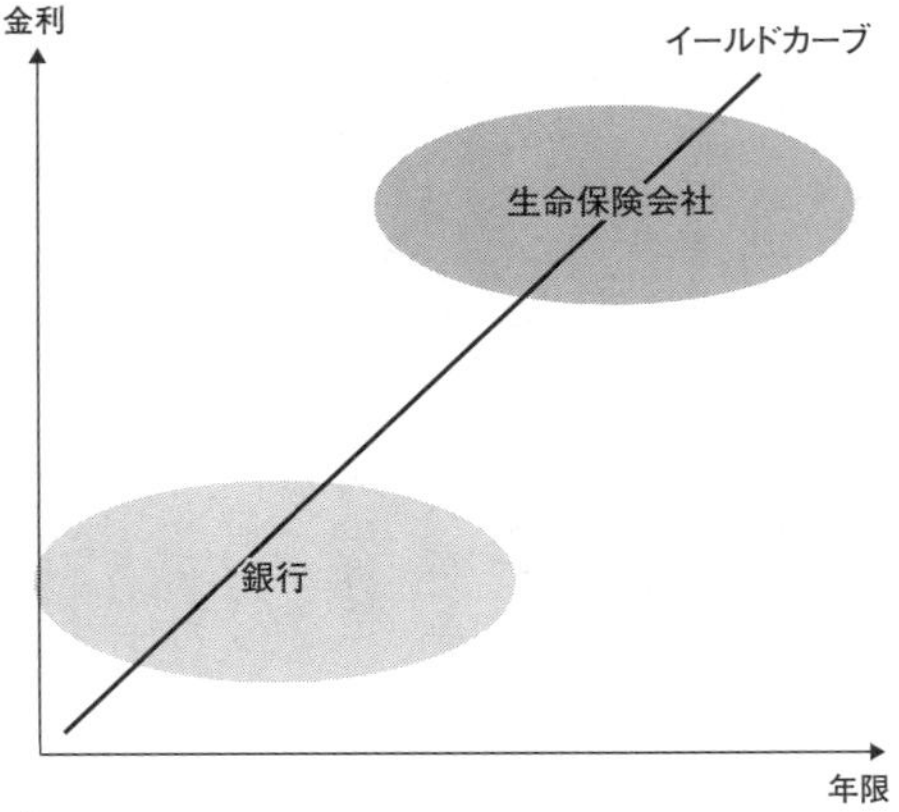

（出所）筆者作成

明したうえで、どのような理由で日本国債を購入しているかを考えていきます。

6．1　なぜ銀行は国債を買うのか

おそらく読者のほとんどが、銀行に口座を持っていると思います。銀行の主要なビジネスは、私たちが預けた預金をベースに企業や個人に貸し出しをして、利息を稼ぐというものです。

もっとも、銀行のビジネスは貸し出しだけではありません。図表6－3は、銀行業態別に総預金量に対して、どれくらい貸し出しをしているかを示しています。これを預金に対する貸し出しということで「預貸率」といいます。預貸率の推移を見ると、特に大手銀行の貸し出しは2000年以降低下しており、足元では50％台前半であることがわかります。これは特に大手銀行のビジネスにおいて貸し出しのプレゼンスが落ち、国債などの有価証券運用や日銀への当座預金などの割合が増えていることを意味しています。

読者の中には、なぜ銀行が国債に投資しているのだろうと疑問を持つ方もいるかもしれません。実際、私自身も、銀行の本来の業務は貸し出しにあると思えたため、かつて同じ疑問を持ちました。地方銀行などの地域金融機関の職員の中には、銀行員たるもの、地域経済を融資で

図表6-3　預貸率の推移

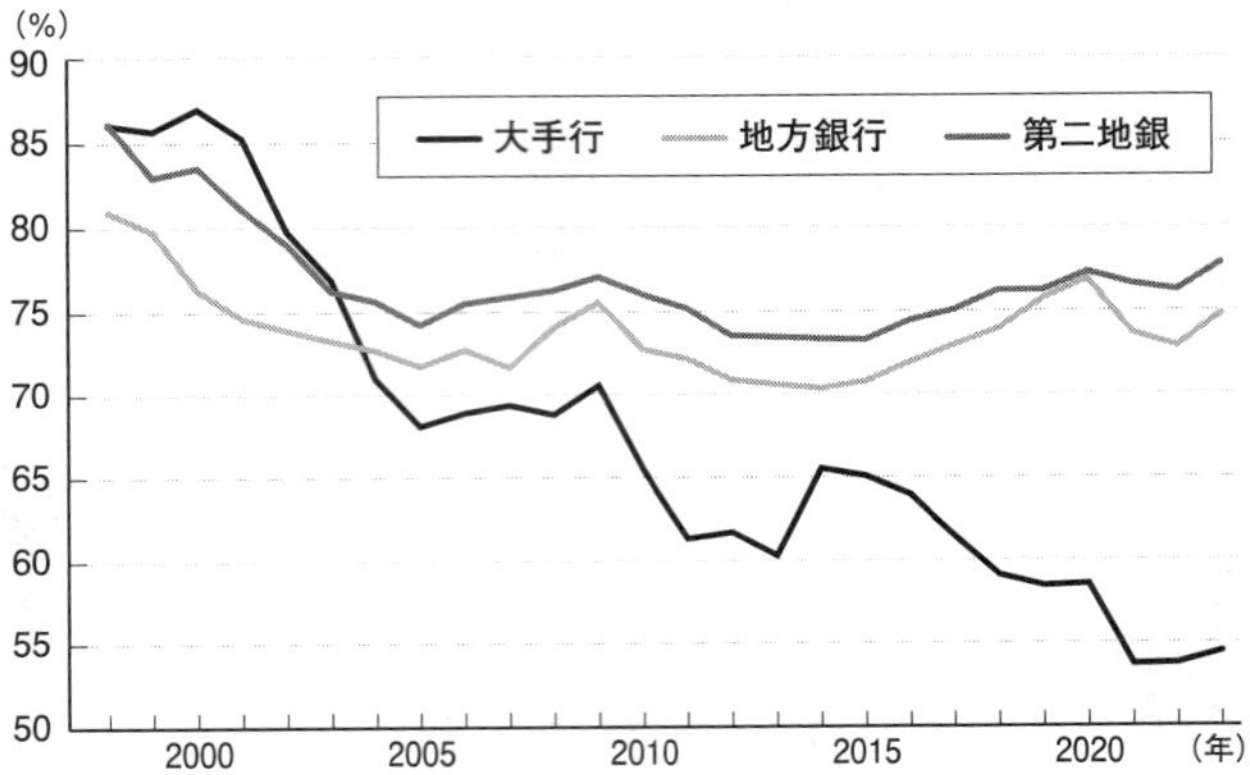

(出所) 東京商工リサーチ、中小企業庁の資料をもとに筆者作成

活性化させなくてはならないと考え、銀行が有価証券運用を行うことをネガティブに捉える人もいます。

銀行の貸し出しは、中小企業に対して、そのビジネスモデルを見極めて貸し出しをするというものです。ドラマ「半沢直樹」を見たことがある方も少なくないと思いますが、「半沢直樹」の冒頭のシーンは、主人公の半沢直樹が、ある中小企業のビジネスの将来性を考え、融資を検討するというものです。銀行はこのように貸し出しのリスクを取るとともに、貸し出し先の将来性を見極めることで利益を得るビジネスともいえます。

その一方で、銀行が国債を買うとは、銀行が国に貸し出しをするようなものなので、これでは自分より信用力が高い人にお金を貸していることになります。また、銀行が自分より信用力が高い政府に貸し出しては、自分たちの調達コストを上回った運用ができないのではないか、という疑問も出てきます。

満期変換機能とはなにか

そもそもなぜ銀行が国債を購入しているかというと、それはもちろん利益が得られるからですが、より正確にいえば、銀行にとって国債はリスクとリターンのバランスがとれた運用手段の一つだということです。

まず、銀行が国債の運用をして儲かる主因は、銀行が金利リスクを取っているからです。例えば、銀行が10年国債を運用するうえで、自ら10年債（社債）を発行して資金調達をした場合、儲かるどころか、損をします。日本政府が倒産する可能性に比べれば、銀行が倒産する可能性のほうが高いでしょう。したがって「10年の日本国債の金利」より「銀行が発行した10年債の金利」が高くなければ、投資家にとって銀行の社債を買う理由がありません。そのため、投資家に買ってもらえるよう、銀行の社債の金利を高めに設定する必要があります。国債を購入するために同年限の社債を発行した場合、銀行としては利益を上げようがないわけです。

図表6-4　銀行のバランスシートと満期変換機能

貸出＋運用 （＝長期運用）	預金 （＝短期調達）

（注）実際の銀行のバランスシートはもっと複雑ですが、ここでは単純化しています。

（出所）筆者作成

そこで銀行は自分で社債を発行する代わりに、預金で資金調達をし、例えば、10年国債を購入するという運用をしています。預金金利は2000年代以降、0%周辺を推移していますから、10年国債に投資することで利益を上げることができます。

この際に注意してほしいのは、預金は私たちがいつでも引き出すことができますので、銀行の負債（預金）の年限は、非常に短期であることです。このことにどのようなリスクがあるかというと、仮に短期金利が上昇し始めると、預金金利が上がることでコストが上がる一方、保有した長期国債から得られる収益は変わらないため（第2章で説明したとおり、長期債への投資とは将来のリターンを長期的に固定することでした）、金利上昇により損をする可能性があります。見方を変えれば、銀行による国債の運用は、短期調達をし、長期運用という形で、金利リスクを取っているため、利益を上げられるということです。

図表6－4は銀行のバランスシートを見たものです。私たちは預金[*35]をいつでも引き出せるた

め、銀行は非常に短い年限で資金調達をしており、一方で相対的に長い年限の貸し出しをしています。これは銀行業の基本的な機能であり、満期を変換していると解釈できることから「満期変換機能」と呼ばれます。

貸し出しに対して国債の運用が優位な点

銀行は金利リスクを取ることで、国債の運用で利益を上げられることを指摘しましたが、国債のトレーディング（売買）により金利以上の利益を上げられる可能性もあります。特に、2000年以降、国債の金利は基本的に低下（価格は上昇）傾向にありました。したがって、国債を購入すると含み益が生まれる構図が長く続きました。国債を購入後に売却するということを繰り返すことで、売買益を上げることもできます。また、有価証券運用のほうが、貸し出しに比べてデリバティブなどと組み合わせることで、機動的にリスク・リターンを調整できる側面もあります（デリバティブについては第8章で説明します）。

第2章で説明したとおり、国債のリスクは「年限」におおむね比例しますが、それぞれの国

＊35　預金には定期預金もありますが、ここでは普通預金を想定しています。

債は償還日が特定の日に決まっているので、残存する年限は時間の経過とともに短くなります。読者が10年債へ投資しても、5年後には5年債になり、その金利リスク量は半分になります。円金利については、短い年限の国債ほど金利が低い状況（イールドカーブが右肩上がりである状況）が維持されたので、時間経過とともに保有している国債の年限が短くなり、金利が低下し、価格が上昇する構造が生じていました。*36

貸し出しに対して、国債での運用のほうが望ましい点は、これ以外にも考えられます。例えば、貸し出しの場合、企業ごとに個別の判断が必要であるため、人的リソースのコストも少なくありません。銀行の貸し出し先は中小企業が主ですから、貸し出しすべきかの判断も必要ですし、その後も、返済が行われるよう定期的にモニタリングしなければなりません。

また、貸し出しを行った場合、当然、貸し倒れる可能性もあります。先ほど、ドラマ「半沢直樹」の話を出しましたが、「半沢直樹」には、銀行が貸し出しをした後、借り手に逃げられて、それを銀行員である半沢直樹が追いかける話が出てきます。銀行の貸し出しは貸したら終わりではなく、きちんと回収してこそ、利益を上げられるビジネスといえます。

このように貸し出しであればそれぞれの貸し出し先の分析やモニタリング、場合によっては回収が必要であるところ、国債の運用であれば、基本的に金利動向の分析が主ですから、貸し出しに比べれば人員も必要でないですし、国債購入の発注を行ううえでも人数がそれほど求められるわけではありません。その意味で、国債の運用は効率性が高いという側面もあります。

銀行ビジネスの脆弱《ぜいじゃく》性

ここから、規制へのコストという観点でも、銀行による国債の投資が、貸し出しに比べて調達コストを落とせる点について議論をしていきます。

まず、銀行ビジネスには、ほかの産業に比べ、特に強い規制が課されています。銀行は預金で資金調達をし、貸し出しや有価証券の運用で利益を上げていますが、銀行が貸し出しに失敗すると、債務超過ということになりかねません。もっとも、読者の多くも銀行に預金を保有していると思いますが、まさに預金は「貨幣」のように用いられており、元本割れする可能性があると思っている人はほとんどいないでしょう。

このように、預金は「貨幣」としての機能を果たしており、その意味で公共性が特に高いと

＊36　これを「ロールダウン効果」ということもあります。詳細を知りたい読者は『日本国債入門』第2章の「ＢＯＸ」を参照してください。

いえます。このことから、自らのリスク管理や規制により特に健全性を維持する仕組みが取られています。

銀行には本質的な脆弱性もあります。前述のとおり、銀行は負債サイドの預金の年限が短く、資産サイドにはすぐに現金化できない貸し出しを抱えています。したがって、仮に多くの人が慌てて預金から現金を引き出すと、銀行はいきなり貸し出しの返済を求めるわけにはいかないので、その引き出しに対応することができません。

特に多くの人が一気に預金を引き出しに走ると、その行為そのものが銀行を倒産させる可能性を生みますから、預金の引き出しをさらに助長します。これを「銀行取り付け」といいます。このことが特に問題なのは、銀行が健全であっても銀行取り付けは起こりうる点です。このような観点から、銀行経営への不安を払拭し、銀行取り付けを防ぐよう、銀行には健全な運営を行うべく規制が課されています。

ALM（アセット・ライアビリティ・マネジメント）

まず、政府による規制について議論する前に、金融機関が実施しているリスク管理の概要について説明していきます。

図表6-5　ALMのイメージ（銀行のケース）

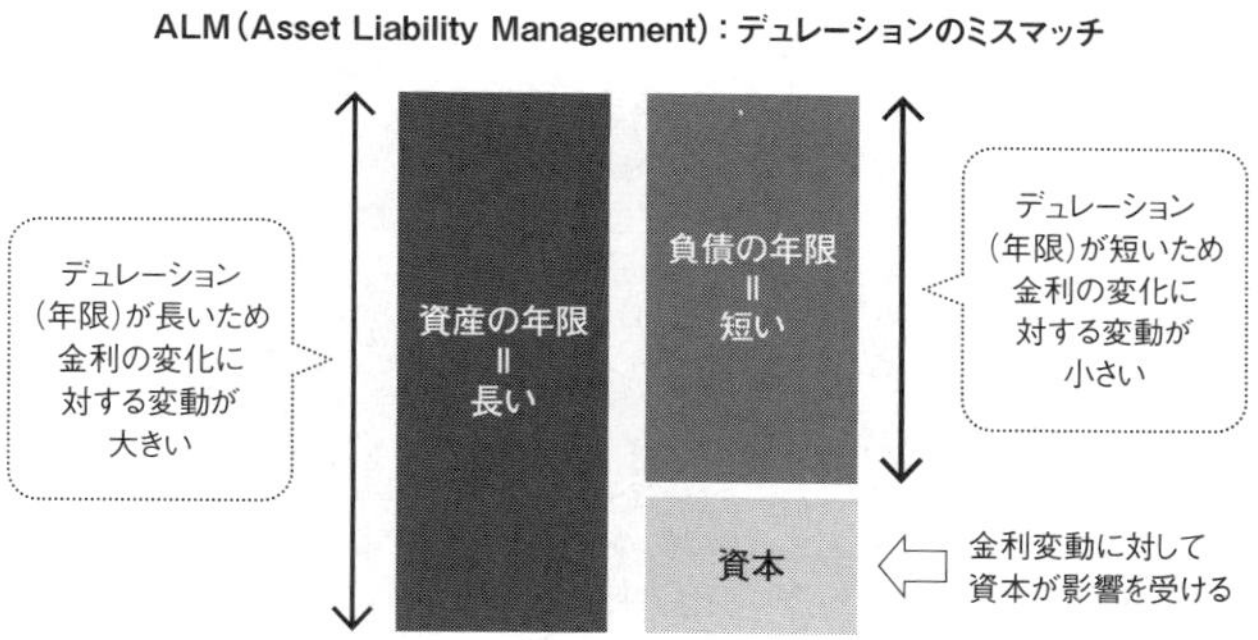

（出所）筆者作成

金融機関はリスク管理を行うため、基本的には、資産の年限と負債の年限が大きく乖離しないように運用しています。これは資産（アセット）と負債（ライアビリティ）の年限をマッチングさせることから、アセット・ライアビリティ・マネジメント（ALM, Asset Liability Managenent）といいます。ALMは金融機関の実務家がリスク管理を学ぶ際に最初に習得する概念の一つであり、リスク管理の基本ともいえます。

図表6－5が金融機関のバランスシートにおけるALMのイメージになります。例えば、銀行であれば、調達資金のほとんどがすぐに引き出し可能な預金によるものなので、負債サイドの年限は必然的に短くなります。したがって、負債と資産の年限が大きく乖離しないような運用を行っています。国債を

買うにしても、銀行の場合、必要以上に長い年限の国債を購入しないということです。

　このような運用をしている理由は、前述のとおり、資産サイドと負債サイドの年限が乖離してしまうと、金利が変化する際に、損失が発生する可能性があるからです。例えば、ある銀行が資産サイドに長い年限の国債を保有すると、（第2章で説明したとおり）それは現時点で将来にわたり、運用リターンを固定することを意味します。例えば、金利1％で10年債を購入し、満期まで持ち続けた場合、10年間、毎年1％の金利が得られることが確定します。

　現在の預金金利が0％だったとしましょう。この場合、国債の運用で1％得られ、調達コストはない状況ですから、利益を上げられます。その後、日銀により利上げが実施され、預金金利を引き上げた場合、調達コストが上昇します。仮に預金金利が1・5％まで上昇したら、この銀行は国債から1％の利益しか得られないにもかかわらず、1・5％の調達コストを支払うため、損失を被ることになります（これを「逆鞘《ぎゃくざや》」といいます）。

　このような問題は、銀行が有する資産と負債の年限（デュレーション）に乖離がある中、金利が変動することから発生します。したがって、資産と負債のデュレーションをあわせることにより、金利が変動したときに損益が生まれるリスク（金利リスク）を減少させることが可能になるわけです。

そもそも資産と負債のデュレーションの間にギャップがあると、金利が変動すれば、資産と負債の価値の動きに違いが生まれるので、図表6－5のとおり、資本が金利の変動に対して影響を受けることになります。注意すべき点は、もし仮に資産サイドと負債サイドの年限が完全に一致した場合（先ほどの例でいえば、10年債〈社債〉を発行して調達した資金を用いて10年国債で運用した場合）、国債の運用で利益を上げようがなくなります。したがって、金融機関は、そのリターンを勘案しながら、資産サイドと負債サイドの年限が大きく乖離しないような運用を行っています。これがALMの基本的な考え方です。

6.2 バーゼル規制とはなにか

このような民間金融機関による自主的なリスク管理に加え、銀行の健全性を担保するために、銀行に対して金融庁は規制を課しています。この仕組みがバーゼル規制です。

そもそもバーゼル規制は、歴史的にはスイスのバーゼルで1980年代に作られました。この規制は、その後、複数回にわたり改訂されて現在に至ります。バーゼル規制の基本的なイメージは、グローバルで活躍する金融機関が最低限満たすべき国際ルールというものです。例えば、ある国の規制が緩く、グローバルで活躍する金融機関が破綻をしたとします。このとき、この金融機関がビジネスを展開していた規制の強い他国においても、マイナスの影響が波及する可能性があります。

そこで、国際的に活動する金融機関については、どこかで最低限、守るべき共通のルールを作り、そのルールを各国で課すことによって、「共通ルールに準拠しているのであれば、自国内で他国の銀行がビジネスを展開しても、最低限のルールを順守したうえでビジネスを展開している」という判断ができます。その意味で、バーゼル規制の基準を満たすことは、金融機関が他国でビジネスを展開するための、「パスポート」のような役割を果たしているといえます。

実際のルールについては、バーゼル銀行監督委員会と呼ばれる組織などで国際的なルールが合意され、各国ではそれに整合的な規制が敷かれます。日本では、金融庁が告示などに落とし込んでいきます。

バーゼル規制はグローバルにビジネスを展開する銀行に課される規制ですが、我が国では国内のみでビジネスを展開する銀行に対しても、バーゼル規制と基本的に整合的な規制を課しています。また、大手証券会社もやはりバーゼル規制に服しています。その意味で、バーゼル規制を理解することは、日本の金融機関に対する規制の基礎を理解することにつながります。

銀行を破綻させないための資金調達

バーゼル規制は、銀行の破綻を防ぐための国際的な規制ですが、それでは、どのような工夫をすれば銀行の破綻を防げるでしょうか。

第1章で、株式と債券の違いとして、リスクの取り扱いについての説明をしました。まず、そもそも預金者は、元本が棄損することを想定していません。言い換えれば、預金の場合、預金者は引き出しを行えば、預けてある額は必ず返ってくると考えています。

その一方、株式の投資家は、事業が成功したら配当を受け取ることができるものの、もし仮に企業が損失を出したら配当が得られない可能性を受け入れています。高いリターンが得られる可能性はありますが、株式には元本保証はなく、下手《へた》をすれば投資額が返ってこない可能性もあります。

したがって、銀行に安全な運営を求めるには、銀行ビジネスを行ううえで、リスクをとってよいと考えている株式の投資家から十分な資金を調達すればよいということになります。具体的には、銀行がビジネス上発生する損失額を十分見積もり、それ以上の金額を、株式の投資家から調達します。そうすれば、仮に損失を出したとしても、まずは株式の投資家に責任を取ってもらうことで、預金者に損失が行くことを防ぐことができるわけです。

これを実現させるため、バーゼル規制では「自己資本比率規制」と呼ばれる規制を課しています。株式の発行を通じた資金を「自己資本」と表現することがありますが（負債を「他者資本」といいます）、自己資本比率規制では、主に「自己資本」を軸に、銀行の貸し出しや運用から発生しうるリスクを反映した「リスク・アセット」で割ることで、「自己資本比率」（＝自己資本／リスク・アセット）を定義します。[*37] そのうえで、自己資本比率が一定以上になるよう、運用することを求めています。このような規制を敷くことで、リスクがある貸し出しや運用を行う場合、そのリスクをカバーするよう、株式（自己資本）による資金調達を促します（自己資本比率が一定以下になると、金融庁から業務改善命令が発出されるなどの罰則が科されています）。

自己資本比率規制における国債の取り扱い

実は、バーゼル規制と国債の投資という観点でいえば、銀行が国債をどれだけ保有しても自己資本比率に影響を与えない設計になっています。バーゼル規制の観点では、前述のとおり、貸し出しを増やすと、そのリスクに応じて株式で調達を増やさなければなりませんが、国債の場合、自己資本比率規制の観点では、どれくらい国債に投資しても、自己資本比率が低下しない仕組みになっています。その意味では、現在のバーゼル規制は、銀行が国債を購入しやすい規制になっていると評価することもできます。

銀行の経営者は、通常、株式による資金調達は、預金に比べてコストが高いと考えています。もっとも、貸し出しを行う場合、バーゼル規制により、株式で一定以上の資金調達をすることを求められています。実務家は、規制により追加的に調達コストが発生することを「規制コスト」などと表現します。この観点でいえば、国債は、銀行にとって規制コストが相対的に低い資産といえます。

金利リスク規制

注意すべき点は、バーゼル規制には、「自己資本比率規制」以外に、国債保有の制約となる規制が複数[*38]ある点です。例えば、金利リスクについては、自己資本比率規制とは別枠で一定

＊37　ここでは簡易的に自己資本比率やリスク・アセットを説明しましたが、詳細は、筆者が執筆した「バーゼル規制入門」(『ファイナンス』２０２２年10月号、財務省　https://www.mof.go.jp/public_relations/finance/202210/202210e.pdf）を参照してください。

の規制が課されています。これを「銀行勘定の金利リスク（ＩＲＲＢＢ）規制」といいます（IRRBB, Interest Rate Risk in the Banking Book）。

具体的には、一定のルールに基づいて算出した金利リスク量が、自己資本の一定程度（例えば20％）に収まっているかどうか、すなわち、

$$\frac{\text{金利リスク量}}{\text{自己資本}} \leqq 20\%$$

という規制が課されています。

「金利リスク量／自己資本」の比率に上限が設けられているので、銀行は自らが有する「金利リスク量」を一定以内に抑える必要があります。

例えば、読者が銀行の運用担当者であり、10年国債を１００億円運用していたとします。この際、１％の金利上昇があったとしましょう。第２章で説明したとおり、10年債のデュレーションはおおよそ年限であることを思い出し、その値が10であるとすれば、国債の価格変化は、金利の変化に対して、おおむね年限に比例しているため、約10億円（＝１％×10×１００億円）

の評価損となります。ＩＲＲＢＢ規制ではこのように計算された10億円を金利リスク量とするということです。当該銀行の自己資本が１００億円であれば、金利リスク量は自己資本の10％となるので、このルールを順守しているということになります。

一方、10年債を売却してすべて20年債に投資するとしましょう。この場合、金利が１％上昇すると、金利リスク量は20億円[*39]（＝１％×20×１００億円）に増加し、自己資本の20％となるので、この規制に抵触してくるということになります。

これはあくまでシンプルな例ですが、ＩＲＲＢＢ規制では、同規制で定められる複数の金利シナリオに対して損失額を計算し、その損失額が自己資本の一定以内に収まるように求めています。そのうえで、もし仮に金利リスク量が自己資本の一定額を超えた場合、規制当局がワーニング（警告）を発するという運用がなされています。

＊38　本書では取り上げませんが、国債保有におけるバーゼル規制上の論点にはレバレッジ比率規制、流動性規制などがあります。

＊39　厳密にいえば、20年債のデュレーションは20より小さな値になりますが、ここではわかりやすさを重視して20と丸めた値を用いています。

注意すべき点は、この規制は「自己資本比率規制」とは別枠で設けられていますし、仮にこの規制に抵触したとしても、自己資本比率規制ほどの強い罰則が定められているわけではありません。その意味で、規制コストは自己資本比率規制に比べれば小さいと見ることもできます。

事実、金融危機を受けてバーゼル規制が改正される際に、金利リスクについても自己資本比率規制に含めることについて議論がなされました。しかし、銀行ビジネスへの影響が大きいことなどを背景に、上述のような、別枠とする仕組みが継続されました。

その一方で、ＩＲＲＢＢ規制があることから、銀行としても無尽蔵に金利リスクを増やすことはできないことも事実です。したがって、財務省が国債を発行する際には、この規制の観点でも、銀行が現状、国債を購入できるかどうかということを考慮しなければなりません。読者が市場参加者であれば、この規制が銀行行動にどのような影響を与えるかを考慮する必要があるわけです。実際、市場参加者は、銀行に関するさまざまなデータや開示情報を用いて、銀行行動を分析しています。

国債を最後まで持てば損をしないのか

国債に投資した後、金利が上昇した場合、これまで説明したとおり、評価損を計上することになります。その一方で、国債は最後まで持ち切れば損をしないと考える投資家も少なくありません。たしかに、国債の評価損は、「今、仮に、その債券を市場で売却しようとしたら、時価評価した価格でしか売れません（価格を下げて売却価格を提示しなければ、買い手が現れないですよ）」と指摘しているにすぎないともいえます。

事実、発行体が倒産しなければ、債券は満期に100円で償還されます。このストーリーでいえば、仮に金利が上昇しても、例えば、10年国債であれば、10年間持ち続ければ、金利上昇したことから生まれる評価損は実現しないと考えられます。証券会社のトレーダーは、将来的に投資家に売るために国債の在庫を保有するため、最後まで持ち切ることは極めて稀《まれ》です。もっとも、銀行など、最後まで持ち切ることが可能な投資家もいます。

筆者の実感では、債券市場の投資家の多くは、国債は最後まで持ち切れば損をしないというストーリーを信じていると思います。もっとも、もし仮に短期金利も大幅に上昇したらどうでしょうか。銀行の場合、資産サイドからの収入は固定されているのにもかかわらず、仮に短期金利が上昇していったら、資金調達コストである預金金利も上昇することになります。

日本では短期金利が長年、低位で安定的に推移してきましたが、海外に目を向けると、短期金利の上昇が銀行破綻を招いたケースもあります。例えば、2023年の米国では、金利が上昇する中で金利リスクテイクの大きい銀行が破綻しました。そのため、金利上昇を考える場合は、短期金利がどのように動くかもセットで考える必要がある点に注意してください。

6.3 生命保険会社のリスク管理

保険ビジネスとは

国債の市場参加者には、銀行と証券会社の他にもさまざまなプレイヤーが存在しますが、市場で大きなプレゼンスを占めているプレイヤーに保険会社があります。保険会社の中でも、特に生命保険会社が国債市場では大きなプレゼンスを有しています。

保険会社とは、そもそもどういうビジネスを行っているのでしょうか。

保険会社のビジネスは、私たちが日々直面するリスクのヘッジを提供することです。読者の中で自動車の運転をする人は、自動車保険に入っていると思います。自動車保険とは、あらかじめ保険料を支払うことで、仮に自動車事故に遭ったときに、保険会社からその損害について補償を受けられるというサービスです。私たちが保険料を支払うことで、自動車事故が起きたときの経済的損害のヘッジができるわけです。

これは損害保険の例になりますが、保険事業には生命保険もあります。生命保険会社が提供する保険は、誰かが亡くなったときに経済的に保障をする保険（死亡保険）です。あくまで仮定の話ですが、読者に子どもがいるとして、仮に読者が交通事故に遭い、亡くなってしまったとしましょう。この際、残された家族が経済的に安心して暮らせることを保証したいと考えますが、これを実現する仕組みが生命保険といえます。つまり、読者が亡くなった場合、生命保険をかけておけば、保険会社からまとまった資金が残された家族に支払われるわけです。リスクの管理（移転）という観点で見ると、生命保険は、人の生死に係わるリスクを管理する金融サービスといえます。

生命保険会社の重要な商品として、年金もあります。年金とは保険の加入者が高齢になってから保険金をもらう商品です。これは加入者が想定以上に長生きすることで貯蓄額が十分でなくなる長寿リスクに対処する商品といえます。

保険とは統計を用いたビジネス

実は、保険会社は統計を用いたビジネスと見ることもできます。保険会社のビジネスのイメージを示したものが図表6－6です。まず、保険の加入者が一定の保険料を保険会社に払いま

図表6-6　保険会社のビジネスのイメージ

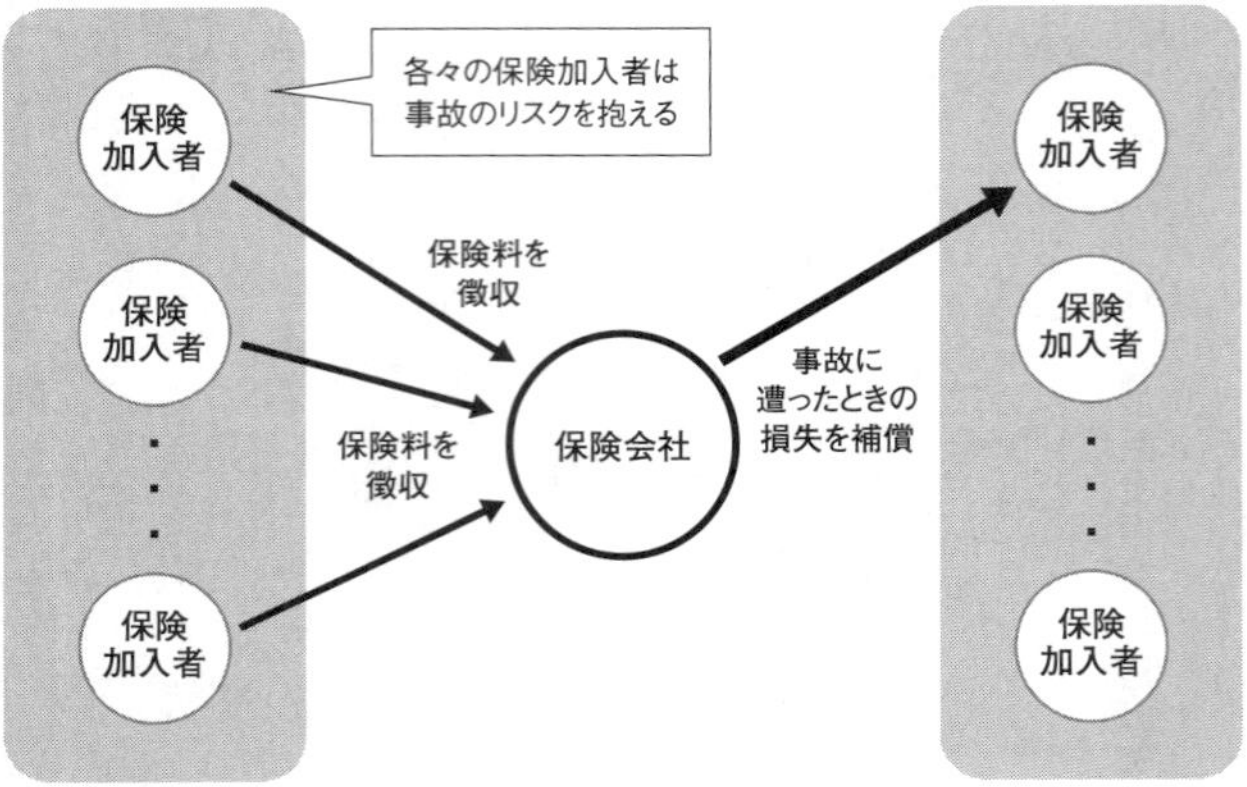

（出所）筆者作成

す。保険会社はその保険料をプールします。そして、加入者の中の一部の人が事故に遭うと、プールしたお金を原資に、事故に遭った人に保険金を支払います。

重要な点は、事故に遭う人の割合は、保険に加入する人数を増やせば増やすほど、統計的に取り扱いやすく、予想の誤差が少ない数字になる点です。たしかに、読者が今月中に自動車事故に遭う可能性を計算することは困難ですが、1万人集まれば、過去の経験則から1万人のうち○○％にあたる○○人が事故に遭うかもしれないという見込みが立ちます。

したがって、保険の加入者が多くなれば、加入者の○○％は事故に遭う、という確率をより正確に計算することが可能になり、その補償をするためには、加入者に事前にどのくらいの保険料を求めればよいかという見積もりができます。このような観点でいえば、保険とは統計を用いたビジネスともいえます。

資産と負債の年限（デュレーション）がずれていると、どういうリスクが生まれるか

ここからは生命保険会社と国債市場の関係に焦点を絞っていきたいのですが、日本の生命保険会社はかつてＡＬＭを十分実施していなかったことから、多大な損失を被ったとされています。それは資産サイドと負債サイドの年限（デュレーション）にギャップがあり、その中で、金利が低下していったことによります。

まずデータから確認してみましょう。図表６－７が２０００年代の生命保険会社の資産と負債のデュレーションの推移になります。これを見ると、２０００年代前半は特に負債側の年限より資産側の年限のほうが短いことがわかります。生命保険会社の負債側の年限が長くなるのは、生命保険会社が、年金のように、将来にわたり長い期間支払いを抱える商品を多く販売しているからです。特に、保険商品の中には20年以上の契約期間があるものもあります。これは年限の長い固定契約を結んでいるようなものです。

具体例を用いて考えてみます。１９９０年代前半は、国債の金利は高く、例えば、５％など

図表6-7　生命保険会社のデュレーションの推移

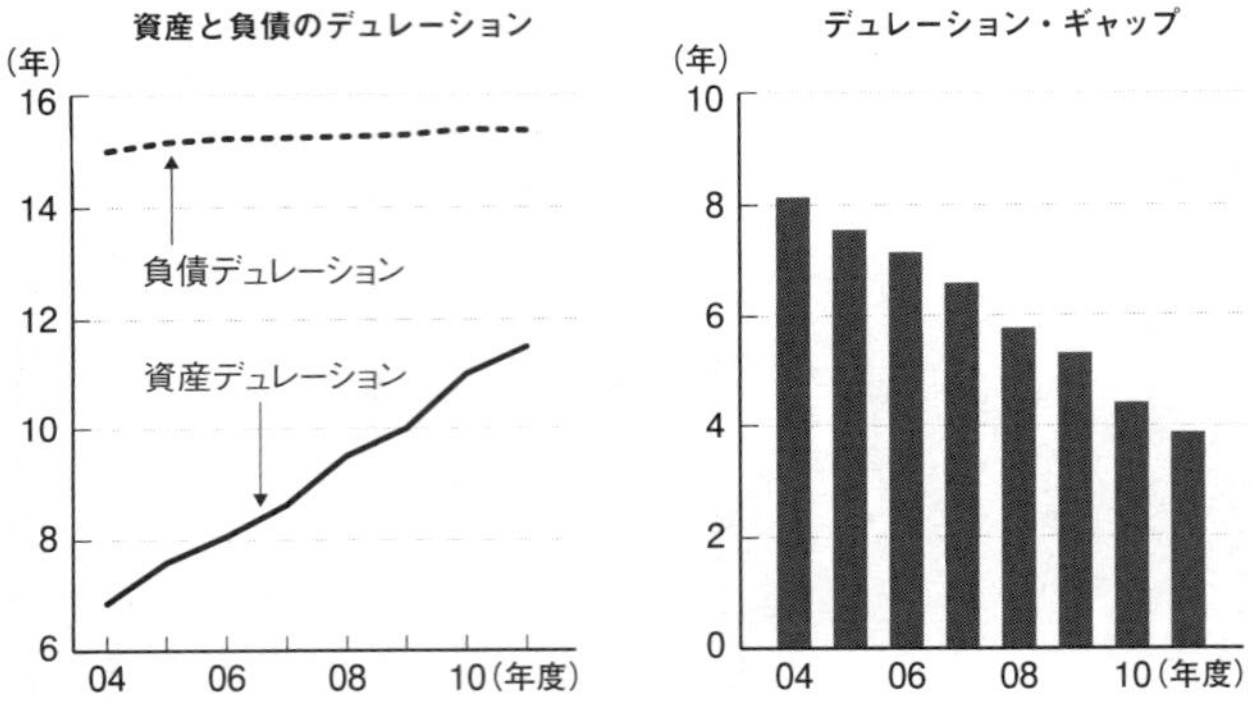

(注)集計対象は国内大手9社

(出所) 日本銀行

でした。この環境下では、生命保険会社は国債を購入することで、金利5％で運用することができます。しかし、これは生命保険の加入者にとっても国債の運用だけで5％で運用できることも意味します。したがって、生命保険の支払い額もそれにあわせて高い水準に設定されました。

　前述のとおり、生命保険会社が提供する商品は長期の固定契約を有します。例えば、生命保険会社は、20年間、5％のリターンを保険の加入者に約束するとしましょう[*40]。生命保険会社は加入者から受け取った保険料を運用する必要がありますが、これを10年債で運用するとします。この場合、負債の年限は、資産の年限より10年長いという意味で、資産と負債の年限に10年の年限（デュレーション）のギャップがあることになります。

生命保険会社が10年債で運用していたら、10年後にこの国債は償還を迎えます。しかし、1990年代の中ごろから、日本では金利が低下していくので、10年後は、かつてのように5％では運用できません。例えば、10年国債を買っても、3％でしか運用できないということになるのです。これでは資金調達で5％の支払いをし、運用で3％の利益しか得ていないため、損をすることになります。

上記は簡単な事例ですが、資産と負債の年限がマッチしない場合、金利が低下していく中、負債サイドの調達コストが高く維持されているのに、資産サイドの運用はそれほど利回りを上げられないことがわかります。生命保険会社は負債サイドの年限のほうが資産サイドの年限より長く、その両者は大きく離れており、そのことが損失につながりました。

生命保険会社に対する規制の強化

もっとも、2000年前後から生命保険会社への規制なども変化する中、生命保険会社は資

＊40　ここでは単純化のためイールドカーブがフラットであるとします。

産サイドの年限をのばし、生命保険会社における資産と負債の年限のミスマッチが縮小していきます。特に、近年、生命保険会社は規制に対応するため、さらにＡＬＭを強化しています。歴史的には、生命保険会社の健全性を確保するため、１９９６年に規制が強化されました。これを「ソルベンシー・マージン規制」といいます（ソルベンシー・マージンとは「支払い余力」を意味します）。ソルベンシー・マージン規制は、バーゼル規制と同様、保険が有するリスクに対して、一定の自己資本を求める形になっており、自己資本に対してリスクが高くなりすぎたら、金融庁がワーニングするなどの仕組みが取られています。

ソルベンシー・マージン規制はその後、資産や負債の時価評価をより一層進めるという形で推し進められていきます。これにより、資産サイドと負債サイドの年限のミスマッチが保険会社の資本をより一層変動させる要因となり、年限のミスマッチを縮小させる必要性はさらに高まりました。実際、国際的な規制環境が変化する中、生命保険会社は資産と負債の年限のギャップを埋める努力をしてきました[*41]。

発行当局である財務省からすると、超長期国債の発行という観点で、生命保険会社の有する資産と負債の年限のミスマッチがどの程度あるのか、それに伴って潜在的な超長期国債への投資需要がどれくらいあるのかを見極めることが重要です。近年、資産と負債の年限のミスマッチはかなり縮小されてきたという見方もあります。それでは、次章で財務省がどのように国債の発行計画を立てているかについて議論を進めてみましょう。

＊41　この規制の詳細を知りたい読者は、『日本国債入門』の第6章を参照してください。

第7章　日本国債はどのように発行されているか

7．1　日本国債制度の難しさ

ここからは政府の立場に立って、国債の発行について考えていこうと思います。国債の発行に関する制度は、数ある金融商品の中でも複雑だとされており、その制度の概要を理解するのは簡単ではありません。実際、国債市場は専門知識を要するマニアな世界だとされています。

私が国債市場を最初に学んだとき、その制度の複雑さに驚きました。それに加えて、その制度について記載した資料が少ない点も印象的でした。以前、国債市場を「国債村」と表現しましたが、まさに村社会のように必ずしも明らかではないルールがたくさん存在するというイメージです。私自身は、経験の長い市場参加者に教えてもらいながら、時間をかけて制度を理解していきました。

私が当初驚いたのは、日本政府の一般会計における国債発行額と、実際に供給される国債の発行額が全然違うということです。単純に考えれば、日本政府が歳出するうえで、税収で賄えない額が、新しく国債として発行されるように思われます。しかし、例えば、2024年度の歳入における国債発行額分（公債金）は図表7－1にあるとおり、35兆円程度ですが、2024年度に発行される国債発行額は200兆円弱になります。

なぜこのようなギャップが生まれるのでしょうか。歳出と歳入のギャップを埋める国債を「新規国債」といいますが、実は国債には新規国債以外にも複数の国債があることで、そのギャップが生まれています。

例えば、財務省が10年債を発行した場合、10年後に償還を迎えますが、その全額を一般会計の歳入を使って返すのではなく、一部を再度、国債を発行して借り換えるということを行っています。日本では「60年償還ルール」と呼ばれる非常に独特な仕組みがあり、このルールに基づいて、かつて発行した債券を借り換えています。これを「借換債」といいます。この借換債が、歳出と歳入のギャップを埋めるために発行される新規国債とあわせて発行されます。

また、財務省は、政策的に必要な範囲内で、例えば、日本政策投資銀行のような政府系金融

図表7-1　令和6年度の一般会計歳入

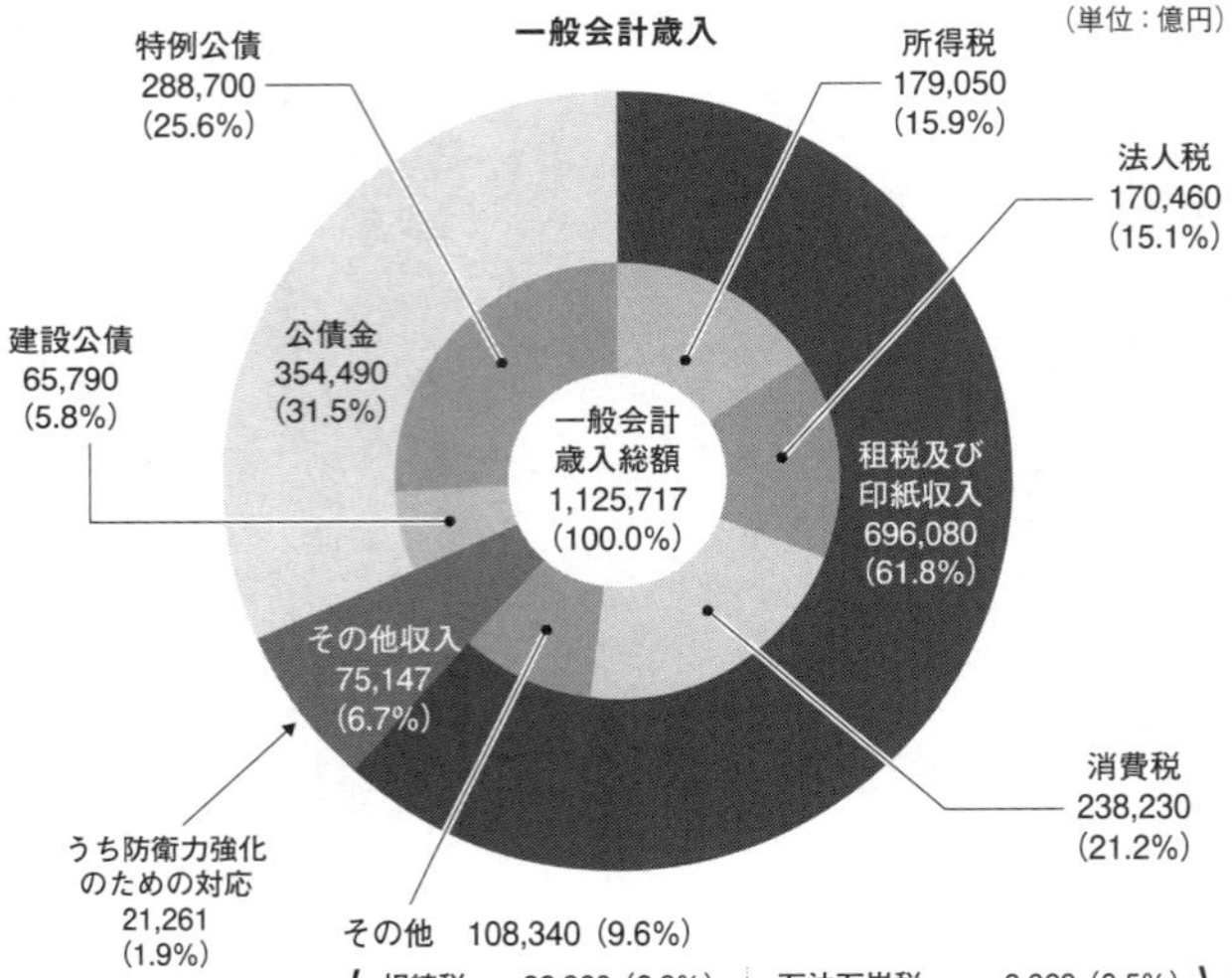

相続税	32,920（2.9%）	石油石炭税	6,060（0.5%）
揮発油税	20,180（1.8%）	自動車重量税	4,020（0.4%）
酒税	12,090（1.1%）	電源開発促進税	3,110（0.3%）
たばこ税	9,480（0.8%）	その他の税収	890（0.1%）
関税	9,170（0.8%）	印紙収入	10,420（0.9%）

（出所）財務省

機関や地方自治体に対して、グループ・ファイナンス（親会社・子会社間の資金融通）のような機能を担っています。地方自治体に比べれば国のほうが信用力はありますから、政策的に必要な資金について、自治体がファンディングするのではなく、国が代わりに借り入れをして自治体に国債と同じ金利で貸し出せば、自治体の資金調達コストを抑えることが可能です。この仕組みは「財政投融資制度」と呼ばれます。また、政府系金融機関や自治体などに貸し付ける

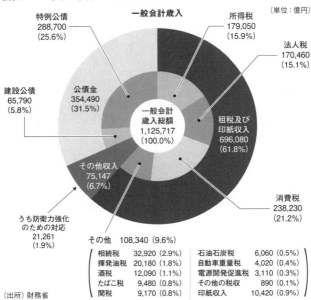

ために発行する国債を「財投債」といいます。この「財投債」も先ほど説明した「新規国債」とあわせて発行されます。

これ以外にも、東日本大震災からの復興のための国債（復興債）[*42]や、脱炭素社会へ移行するために資金調達をする国債（GX経済移行債）、子ども・子育て支援のための国債（子ども特例債）も発行されています。これらを合計した額が実際の国債発行総額になるわけです。

国債発行総額＝新規国債＋借換債＋財投債＋復興債＋GX経済移行債＋子ども特例債

このようにさまざまな種類の国債が存在しており、その発行根拠や使途は異なるわけですが、大切な点は、同じ国債として統合されて発行されており、[*43]市場参加者はまったく区別せずに投

＊42　復興債に関心がある読者は、齋藤通雄・服部孝洋「齋藤通雄氏に聞く、国債を巡る資金の流れと特別会計の基礎」（『ファイナンス』２０２４年４月号、５月号、財務省。前編：https://www.mof.go.jp/public_relations/finance/202404/202404g.pdf　後編：https://www.mof.go.jp/public_relations/finance/202405/202405g.pdf）を参照してください。

資している点です（ただし、GX経済移行債については、後述するとおり、現時点では区別されて発行されています）。筆者の知る限り、例えばある銀行が国債に投資したとして、これが借換債か、あるいは財投債か、などということを考えることはありません。

このように統合して発行するメリットは、同じ銘柄として流通させることで国債市場の流動性を高めることが可能になる点です。それぞれの国債を別々の商品として発行すると取引が分散してしまいますが、同じ国債として発行することで、そこに取引が集中し、流動性を高めることが可能になります。*44

7．2 財務省から見た国債発行プロセス

第3章のように、再び、読者が証券会社に勤める国債のトレーダーだとしましょう。読者も借換債や財投債などを区別せず、オークションに参加します。ただ、読者がトレーダーであれば、国債の供給「総額」には非常に関心があるはずです。国債の供給量が多いとすれば、需要との関係で、国債の価格が低下する（金利が上昇する）可能性があり、それは自らの損益に影響を与えうるからです。

そして、その発行総額の予測という段になると、先ほど説明した、財投債や借換債など、各種国債がどのように発行されていくかのロジックを考える必要が出てくるのです。借換債であれば過去に発行した国債を借り換えることで発行がなされるので、過去の経験から、「今年は○○兆円程度、借換債が発行されそうだな」などという形で供給量を予測するわけです。

官僚の事務年度は6~7月から始まる

このような予測をいつから始めるかというと、おおよそ毎年の秋から冬にかけてです。なぜこのタイミングで翌年度の発行総額が議論されるかというと、日本の予算制度や税制改正、財政投融資制度などのプロセスと関係しています。

国債の発行は財務省の理財局が担当しますが、財務省の職員はおおよそ7月くらいから新し

＊43　国債が購入され、指定された国庫口座（日銀）に代金が払い込まれると、その後、政府の各口座にその代金が振り分けられるという形が取られています。

＊44　これ以外にも、入札においてかつてと同じ銘柄を発行する銘柄統合（リオープン）と呼ばれる制度もあります。リオープンについては『日本国債入門』の第7章を参照してください。

図表7-2　予算策定の流れ

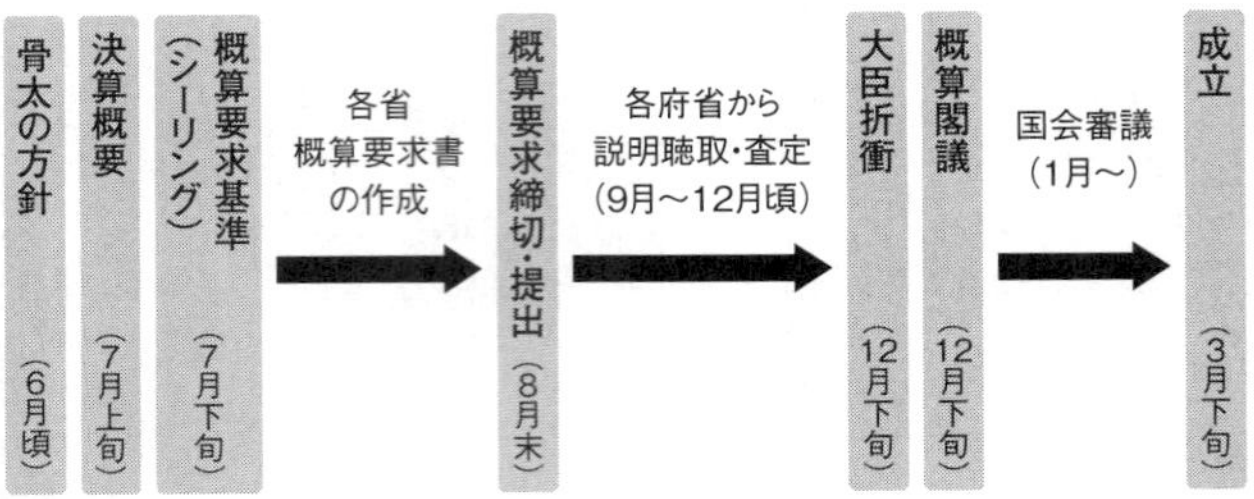

（出所）財務省

い事務年度がスタートします。日本の公務員は異動が多いというのは読者も聞いたことがあるかもしれません。省庁にもよりますが、霞《かすみ》が関《せき》ではおおよそ6～7月に国会が終わった後、人事異動があり、7月には新しい体制になります。

まず、予算がどのような流れで決まるかを説明します（図表7－2）。来年度の予算のための議論は、夏ごろから始まります。具体的には、各省庁が8月末までに、自らが望む予算を財務省に提出します。これを「概算要求」といいます。

例えば、文部科学省が予算を求める場合、同省の歳出に必要と思う額を8月末に財務省主計局文部科学係に予算要求し、その後、同係がその査定をします。このようなプロセスが文部科学省以外にも、外務省・経済産業省など各省庁と財務省の間で進められます。そして、国会議員との議論などを踏まえ、その年の12月ごろに政府の予算案が決まります。年が明けた1月から、その予算案を国会で審議し、例年、おおよそ

3月ごろに国会を通過します。もちろん、その後、補正予算などにより歳出額は変わりえますが、歳出の大枠は前年の12月末に決まります。

予算案と並行して税制改正・財政投融資の概算要求も進む

上記は、歳出に関するプロセスの流れを説明したものですが、税制改正や財政投融資についても同じプロセスを踏みます。国債の新規発行は、歳出と歳入のギャップを埋めるものですので、発行額を考えるためには、歳入額を見積もる必要があります。もっとも、税収を見積もるうえでは、翌年度の税制改正を踏まえる必要があり、税制改正のプロセスも秋から冬にかけてなされます。

面白い点は、先ほど説明した財政投融資も同様のタイムスケジュールで調整が進められる点です。8月末までに、政府系金融機関や総務省は、どれくらいの資金を財務省から借り入れたいかを要求します。例えば、日本政策投資銀行は、財務省理財局内閣・財務係に、○○億円の借り入れが政策的な観点から必要です、という要求を8月末にするわけです。その後、その査定などのプロセスが、やはり秋から冬にかけてなされ、財投債の発行額が12月末に決まり、国会での審議という流れになります。

前述のとおり、投資家が国債を購入する場合は、借換債や財投債などの区別は行いませんが、国債の供給量を予測するという段になると、その供給量決定までのプロセスを考慮する必要があるわけです。その一方で、財務省としても、市場参加者を驚かせることは市場を混乱させ、国債の発行環境などを悪化させることにつながるだけであり、メリットはありません。そもそも安定的に国債を発行するためには、投資家が購入できる発行計画を提示する必要があります。したがって、財務省は、秋ごろから市場参加者とのコミュニケーションを増やしていきます。市場参加者も、秋ごろから来年度の国債発行計画の分析をレポートなどで発信し始めます。

7．3　財務省理財局の体制

それでは、今度は財務省の官僚の目線で、国債発行計画がどのように作られるかを考えてみましょう。前述のとおり、財務省により予算や税収の予測などを踏まえて国債の発行額が決定されます。財務省では、歳出については主計局、歳入については主税局や関税局が担当します。為替や開発政策などの国際関係は国際局が担います。

国債については、理財局の国債企画課・国債業務課で担当しています。国債発行のためのオ

図表7-3　財務省の主な組織と国債企画課・国債業務課

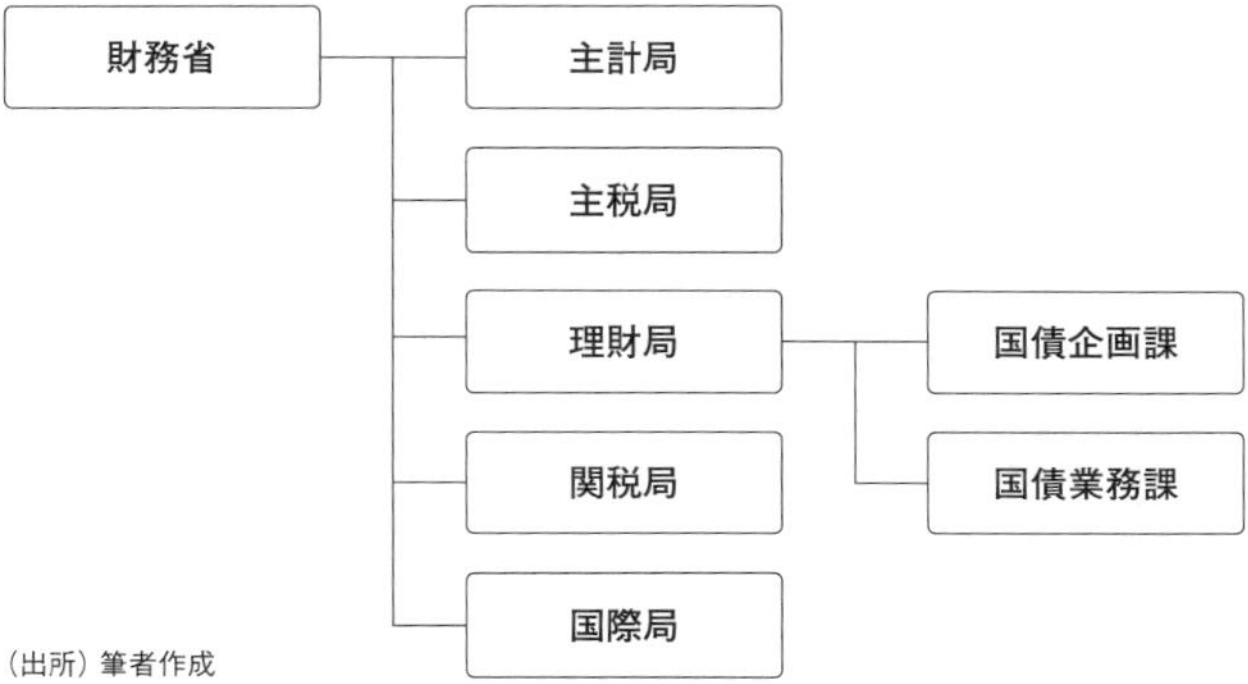

（出所）筆者作成

ークション業務などを担うのが国債業務課で、国債発行計画や国債の制度などについては国債企画課で担当しています（ここでは両課を総称して「国債課」と呼びます）。国債課の職員は、合計約70名程度で国債発行の業務に携わっています（図表7－3）。

大切な点は、国債課にとって、国債の発行「総額」は受け身のものであるという点です。というのも、国債の発行総額は、歳出や税収、過去に発行した国債の金額などにより決まります。しかし、財務省内での役割分担という観点では、歳出は主計局、歳入については主税局などが所管していますし、借換債についてはかつての国債発行額に依存します。したがって、発行総額は、国債課以外の都合で決まってしまうのです。

国債課が決めることは、発行総額を所与として、どのような年限構成で国債を発行するかです。市場参加者からすれば国債の発行量も重要ですが、発行される国債の年限がどうなるかも重要です。というのも年限をどう決めるかで、金利リスクの供給量が変わるからです。

第2章で金利リスクの基礎を説明しましたが、1年債と10年債では金利リスクが約10倍違います。したがって、再び読者が国債のトレーダーの立場になって考えれば、仮に財務省が100兆円分の国債を発行するといっても、すべて1年債で発行するのとすべて10年債で発行するのとでは、マーケットに供給される金利リスク量が約10倍違うわけです。前述のとおり、金融機関にはリスク管理が求められているので、国債課は市場参加者がどの程度、金利リスクを取ることができるのかを把握しておく必要があります。

マーケットのニーズを考慮した国債発行の重要性

財務省が国債を発行するうえで、市場参加者との交流は非常に重要です。繰り返し説明しているとおり、財務省が独自に国債発行計画を立てたところで、そこに投資家のニーズがなければ、みだりに市場を混乱させることにつながりかねません。

過去にも、国債の供給量が市場参加者の予測と異なったために、市場が混乱して金利が急騰したイベントがありました。1998年末の「資金運用部ショック」です。*45

かつて大蔵省（現財務省）は、郵便貯金などの資金を、理財局の「資金運用部」を経由して、政策金融機関や自治体へ資金融通していました。これはグループ・ファイナンスとしての役割を担う財政投融資制度が改革される以前の話です。そして、この資金運用部が余裕資金を有していれば、国債を購入して（引き受けて）いました。

しかし、財政投融資改革の議論がなされる中、財務省の資金運用部に余裕資金がなくなり、資金運用部が国債を引き受けることが難しくなりました。このことはマーケットに流通する国債の供給量が事実上、突然増加したことを意味し、このとき、市場参加者は、「資金運用部が国債をもう買わなくなる」ということを、驚きをもって受け止めました。市場はそれを十分に織り込めておらず、結果、金利が急騰したわけです。これが「資金運用部ショック」です。資金運用部ショックは、戦後の債券市場におけるもっとも著名な金利上昇イベントの一つとされています。

＊45　資金運用部ショックの詳細を知りたい読者は、齋藤通雄・服部孝洋「齋藤通雄氏に聞く、日本国債市場の制度改正と歴史（前編）」（『ファイナンス』２０２３年10月号、財務省　https://www.mof.go.jp/public_relations/finance/202310/202310g.pdf）を参照してください。

図表7-4　資金運用部ショック時における10年金利の上昇

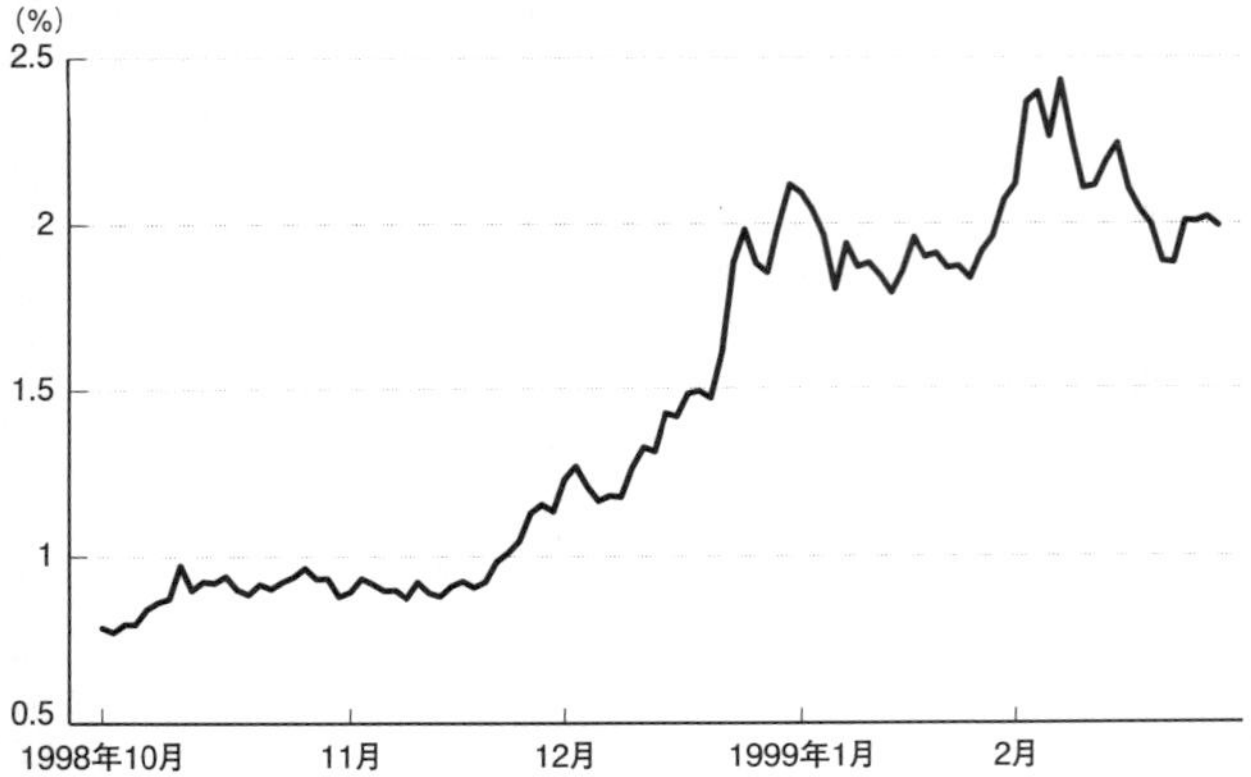

（出所）財務省資料をもとに筆者作成

大切な点は、今の国債の発行規模から見れば、資金運用部が引き受けを止めた金額はそれほど大きいとはいえなかったにもかかわらず、金利が一気に急騰した点です。10年国債でいえば、1998年末から短期間で1％以上金利が上昇しました（図表7－4）。第2章で説明したとおり、年限に比例して価格は動くため、1％の金利上昇は、10年国債の価格が10％低下したことを意味し、そのショックの大きさが想像できると思います。このように、市場を驚かせると、仮に供給される国債の金額がそれほど大きくなかったとしても一気に金利が上がるということが起こりえるのです。

これらの経験をうけ、2000年代前半、国債課では、特に米国の事例から学びながら、国債制度についても市場を重視した制度設計が進められました。国債を基本的にオークションで発行するようにしたり、証券会社に応札の義務などを課すプライマリー・ディーラー制度が導入されたのもこの時期です。

また、同時期に、国債を担当する国債課が1つの課から、国債企画課・国債業務課という現在の2課体制になりました。財務省の中で国債を担当する人員を大幅に増やすということを行ったのです。現在の体制の大枠もこの時期に形作られました。

国債課は、財務省の中でも、民間からの出向者が相対的に多いことも特徴です。そもそも霞が関はさまざまなバックグラウンドの人が集まる場所であり、財務省の場合、財務省プロパー職員だけでなく、各省庁からの出向者や財務局・国税庁・民間出向者などで構成されていますが、国債課の場合、民間からの出向者が特に多いといえます。例えば、国債業務課には「市場分析官」と呼ばれるポストがあり、大手証券会社からの出向者が市場分析をする役割を果たしています。

市場参加者との交流を増やす必要がある背景には、国債市場に関して、政府より市場参加者のほうが情報を多く持っているという事実も指摘できます。これまで説明してきたとおり、国債市場の理解においては流通市場の動向が極めて重要です。しかし、国債課が直接関わるのは、国債の発行市場（国債を新規で発行する市場）が基本であり、いわゆる流通（中古）市場やデリバティブ市場など国債の金利形成に重要な影響を及ぼすマーケットからは距離があることも事実です。

新しい商品は定着しにくい

先ほど、2000年代前半に現在の国債市場の制度が作られたと説明しましたが、2010年以降は、それほど大きな制度改正がなされていない点も特徴です。それに付随して、実は日本の国債市場は新しい商品が定着しにくいともいわれています。

その代表例が物価連動国債と変動利付国債です。物価連動国債とは、元本が物価に連動する国債であり、国際的には先進国で普及した商品です。また、変動利付国債とはクーポンがそのときの金利水準に依存する債券です。両者とも2000年代前半に発行を開始したのですが、その後金融危機を経て、物価連動国債と変動利付国債の価格が大暴落したことから、発行停止を余儀なくされました。物価連動国債については発行を再開したものの、今でもなかなか定着せず、流動性が低い商品とされています。

財務省が発行する国債以外にも、海外で取引されているものの、日本の市場で取引されていない事例はたくさんあります。その代表例は超長期国債先物です（先物については第8章で議論します）。米国ではさまざまな年限の国債先物が取引されているのですが、日本では一つの国債先物しか取引されていません。取引所は何度も商品性の変更を行い工夫はしていますが、うまくいっておらず、その理由は市場参加者の間でも明らかになっていません。金融市場を作るのは簡単ではない事例といえます。

7．4　財務省はどのようにして国債の発行年限を決めているか

住宅ローンにおいて変動金利と固定金利のどちらを選ぶか

それでは、読者が国債課の職員なら、どのように発行する国債の年限構成を決めるでしょうか。これをより身近な問題として考えるために、読者が家を買う際に、どのように借り入れをするかという問題に置き換えてみましょう。家の値段は大変高いので、多くの場合、現金で一括購入するのではなく、住宅ローンを組むことを考えるでしょう。住宅ローンを組む場合には、変動金利で借りるのか、固定金利で借りるのかを選ぶ必要があります。

日本のデータを見ると、多くの人は変動金利を選んでいます。変動金利とは、短い期間で借

り入れを繰り返していくことと同じです。短い期間で借り入れを繰り返すとは、例えば、来年までお金を借りて、金利を払い、来年になったら、また借り換えるということを繰り返していくことです。これは、要は、その時々の市場で決まった短期金利を支払っていくということなので、住宅ローンの変動金利と解釈できます。

一方、読者が住宅ローンを固定金利で借りるとは、30年ローンであれば、30年間、固定金利で借り入れをするということです。これを債券に置き換えれば、短期債の発行を繰り返すのではなく、超長期債を発行するということです。

読者が実際に住宅ローンを借りている場合、変動金利と固定金利のどちらを選んだか、その理由を聞きたいところですが、実体として、大部分の人が変動金利を選んでいます。さまざまな理由があるでしょうが、足元の金利を抑えられるから、ということが一因でしょう。

再び、イールドカーブの話を思い出してほしいのですが、イールドカーブは、縦軸を金利、横軸を年限として両者の関係を示したカーブでした（図表7－5）。そして、日本では、イールドカーブは基本的に右肩上がりであり、年限が長いほど金利が高くなります。したがって、住宅ローンにおいて、なぜ固定金利より、（事実上、短期間の借り入れを繰り返す）変動金利を選んだほうが足元の金利を抑えられるかというと、今のマーケットでイールドカーブが右肩上がりだからです（短期金利のほうが長期金利より金利が低いからです）。

　気をつけてほしいのは、イールドカーブが右肩上がりなので、足元では（短期間の借り入れを繰り返す）変動金利のほうが金利負担を落とすことができますが、変動金利を選択した後、短期金利が上昇していくと、金利負担が増えていくことです。実際に、日本で日銀が利上げをする際、短期金利を上げると住宅ローンを抱えている人々への負担が増えるという議論がなされます。一方、固定金利にしておけば、足元での負担は増えるのですが、そのようなリスクを防ぐことができるわけです。

　財務省が発行する国債の年限を決める際も同様です。財務省が直面するトレードオフを示したのが図表7－6です。短期的には、年限を長期化することによりコストが増えることになります（図表7－6における点A）。年限を短くすると、足元のコストは抑えられますが、将来金利が上がれば、コストも上

図表7-5　日本における右肩上がりのイールドカーブ

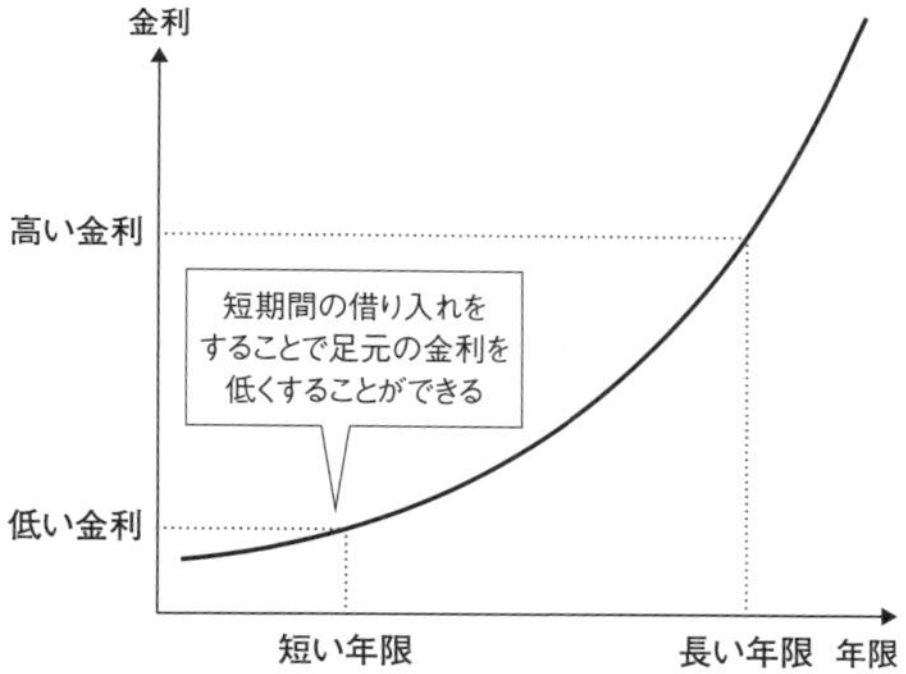

（出所）筆者作成

図表7-6　財務省が直面するトレードオフ

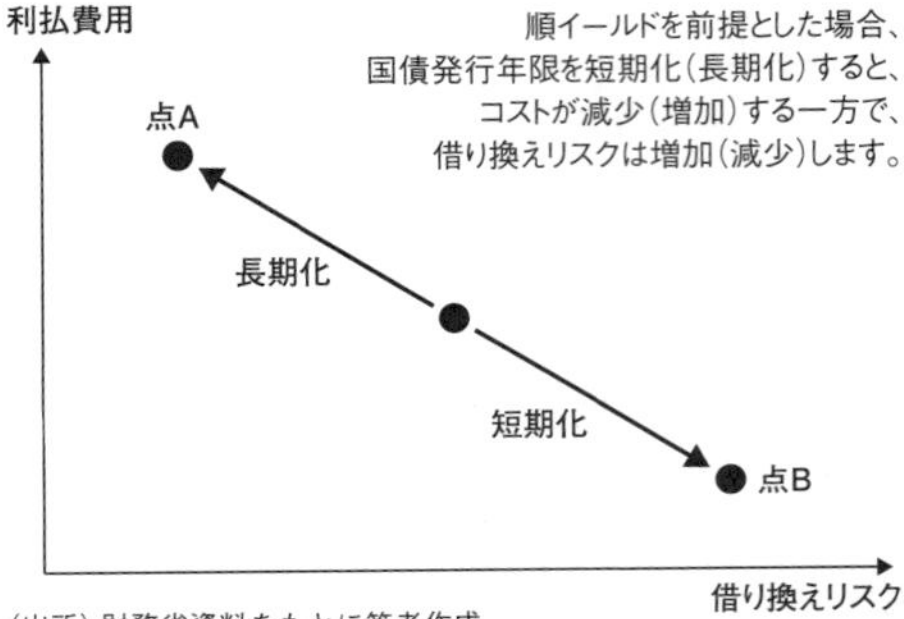
利払費用
順イールドを前提とした場合、
国債発行年限を短期化（長期化）すると、
コストが減少（増加）する一方で、
借り換えリスクは増加（減少）します。
点A
長期化
短期化
点B
借り換えリスク

（出所）財務省資料をもとに筆者作成

がることになるため、借り換えリスクが増すということです（図表7－6における点B）。

前年度をベースに投資家の需要を考慮して、発行する国債の年限を決める

それでは実際のところ、財務省はどのように発行する国債の年限を決めているかというと、私の理解では、前年の国債発行計画をベースにして、そのときの投資家の需要を考慮し、調整するという形です。

国債発行については、これまでの発行実績がありますから、それで安定した発行ができていれば、まずはその年限構成を軸にすべきといえます。しかし、繰り返し強調しますが、財務省がある年限の国債を発行したいといっても、証券会社や投資家が国債を買ってくれなければ話になりません。そのため、彼らにどのようなニーズがあるかを秋から冬にかけて、細かくヒアリングします。オークションにおける応札義務などを負う証券会社（プラ

イマリー・ディーラー）とは毎日のように市場動向などについてやり取りをしています。また、会議などを通じて投資家と意見交換を定期的に実施しています。

もっとも、気をつける必要があるのは、官僚サイドは、市場参加者の言うことを鵜呑《うの》みにはできないということです。というのも、証券会社や投資家はいうまでもなく自らの利益を上げるために国債の投資をしているわけですから、自分たちにとって都合が悪いことを開示する必要はまったくありません。むしろ自分たちにとって有利になるような情報だけを積極的に開示していくインセンティブ（動機）があり、これをポジション・トークともいいます。

例えば、前章で説明したとおり、年限が20年を超える超長期債の発行は、主な買い手である生命保険会社がどれくらい超長期債を購入するかということが重要になります。これは私の理解なのですが、生命保険会社は国債課に超長期債の発行を増加してほしいと要望し、国債課としては超長期債の発行を増やしたものの、生命保険会社が思ったほど超長期債を買わないといったことも見受けられました。国債課から見ると、生命保険会社はリスク管理上、資産と負債の年限をあわせるために超長期債を買わなければならないので、その要望はもっともらしく感じます。その一方で、生命保険会社が超長期債の供給の増額を要望し、供給量が増えれば、超長期債の金利が上がる可能性があります。そして、金利が上がった状態で超長期債を買えば、高い利回りを確保することができます。そのため、仮にそれほど購入するつもりがなくても、発行額を増やしてほしいと主張するインセンティブがあります。

このようなミスマッチは、民間の金融機関を相手にしたときだけに起こる現象ではありません。例えば、前述の物価連動国債を2013年に再発行する際、国民の公的年金を運用するGPIF（年金積立金管理運用独立行政法人）がその有力な投資家として期待されていました。インフレのリスクをヘッジしたい年金基金にとって物価連動国債は適している商品ともいえます。しかし、2013年以降、物価上昇がそれほど進まない中、結局、GPIFによる購入は限定的に終わりました。

このようなことに鑑み、国債課の官僚に求められていることは、投資家のインセンティブを考慮のうえ、需要を適切に把握することです。例えば、できるだけさまざまな投資家の意見を聞いて、実態を正確に把握するとともに、データを使った分析などにも基づき、望ましい発行計画を立てる必要があるわけです。

なぜ年限を長期化し続けてきたか

図表7－7は国債の平均発行年限をストック（残高の残存年限）とフロー（単年度の発行ベー

図表7-7　国債の平均償還年限の推移（ストック及びフロー）

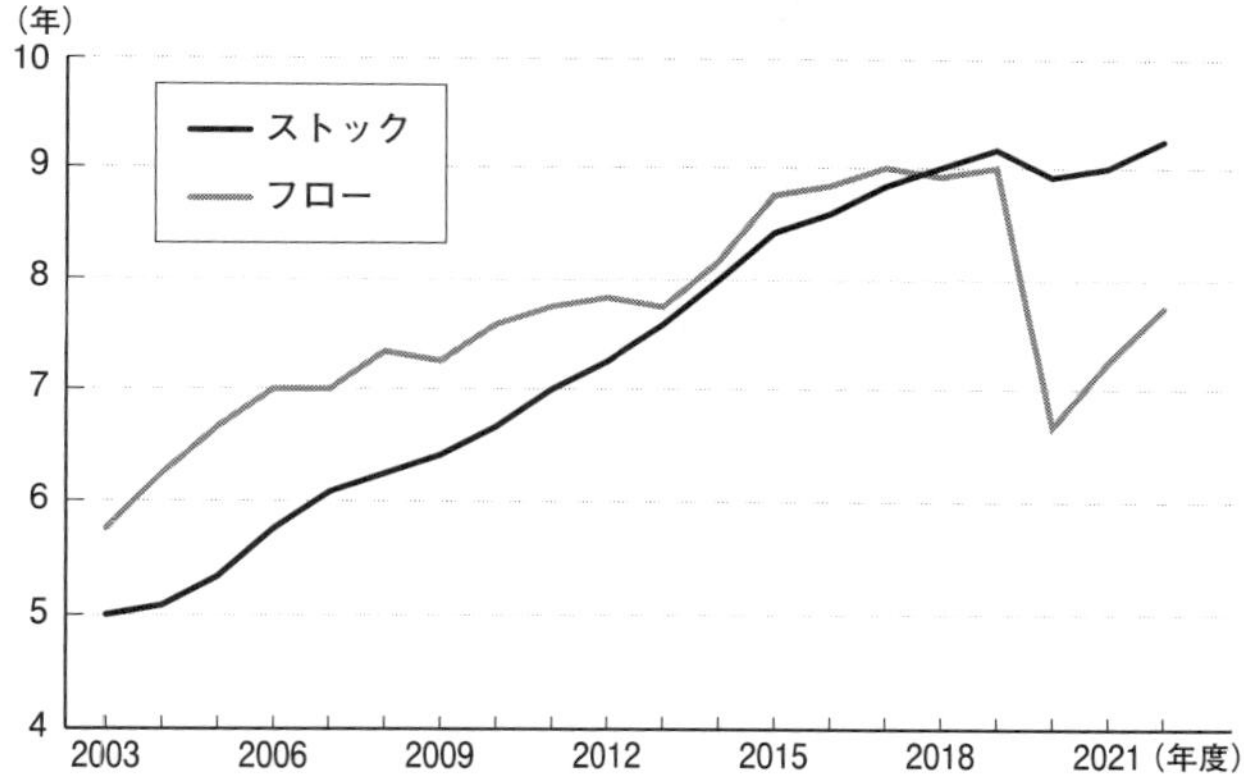

（出所）財務省

ス）で見たものです。これを見ると、コロナ禍の２０２０年を除き、[*46] 基本的にはストックおよびフローともに年限をのばしてきたのが国債発行計画の歴史です。発行する国債の年限をのばすとは、将来に向けて支払う金利を固定することになるため、短期金利上昇に備える側面もあります。したがって、財務省は、金利が低下する中、将来の金利上昇に備えた長期的な発行計画を行ってきたと見ることもできます。そして、それが可能になった背景には、リスク管理を強化する観点から、生命保険会社が超長期債を購

＊46　コロナ禍の発行計画に関心がある読者は、『日本国債入門』第7章の「ＢＯＸ２」を参照してください。

入する必要があったという事情もあります。

また、前述のとおり、２０１３年から始まったＱＱＥは、市場から国債を大規模に購入する政策であることから、事実上、市場に供給される国債の量は、ＱＱＥ以降減り、需給が逼迫《ひっぱく》し金利が低下したことが年限の長期化を容易にした可能性もあります。その一方で、２０２４年以降、日銀による国債購入量が減少していく中で、日銀以外の市場参加者に供給される金利リスク量が増える可能性もあります。日銀による国債購入の減額については第９章で説明します。

7．5　60年償還ルールと借換債

60年償還ルールのルーツ

ここから、借換債を考えるうえで重要な「60年償還ルール」を説明します。２０２４年度（令和６年度）の国債発行総額は約１８２兆円ですが、そのうち借換債は約１３６兆円に及びます。実は、国債の発行額のかなりの部分が借換債なのです。したがって、国債の供給量を知るうえで、60年償還ルールを理解することは極めて重要です。

歴史的に60年償還ルールは、１９６０年代後半にインフラ整備のために国債を発行する際に作られました。日本では財政法上、赤字国債を出してはいけないとされており、インフラを作るために資金調達をする国債（これを「建設国債」といいます）のみ発行が認められています。

例えば、国道やトンネルなどを造る場合、その利用者は、何十年もその恩恵を受けることになりますので、そのインフラ建設のための費用を、その時の現役世代だけが負担したら不公平ともいえます。したがって、インフラを作るために資金調達をするうえで、国債を発行し、徐々に返済することで、多くの世代でその負担をすることに合理性があるといえます。

インフラを整備するために国債を発行する際、その返済期限を考えるとしたら、このインフラがどれくらいの期間使えるのかを考えればよいということになります。建設国債を発行した当時、その耐久年数を計算したら、おおよそ60年となりました。このようなロジックで、建設国債を60年間かけて返済するというルール、すなわち、60年償還ルールが確立したわけです。

その後、景気の悪化などにより、我が国では、特例法の制定により赤字国債を発行することが常態化しました。財政法では赤字国債を発行できなくても、毎年特例法を国会で通せば、赤字国債を発行できます（今では5年に1回法律を通すことになっています）。我が国では１９８０年代に財政赤字が拡大する中、この赤字国債についても、（明確なロジックはないと理解していますが、一般会計歳出への過度な負担と悪影響を防ぐため）60年償還ルールを適用するということになりました。

このような流れで、現在、借換債は60年償還ルールに基づいて発行されるというルールが確立したわけです。なお、前述の財投債など、新規国債以外の国債には60年償還ルールが適用されない点に注意してください。

60年償還ルールの仕組み

ここから具体的に、60年償還ルールの概要について説明します。例えば、今、政府がインフラを整備するために、その資金調達として10年国債（建設国債）を600億円発行したとしましょう。10年国債であるため、10年後に償還を迎えますが、償還を迎えた時点で日本政府は投資家に対して600億円を返済しなければなりません。

60年償還ルールでは、この時点で60年のうち10年がたっているため、600億円のうち1／6に相当する100億円については一般会計からの資金を用いて償還します。残りの500億円（5／6相当部分）については改めて国債を発行し、資金を調達して償還します。この国債が「借換債」になります。

この500億円の借換債は（60年から10年引いた）50年間かけて一般会計からの資金で償還す

図表7-8　60年償還ルールのイメージ

（出所）財務省

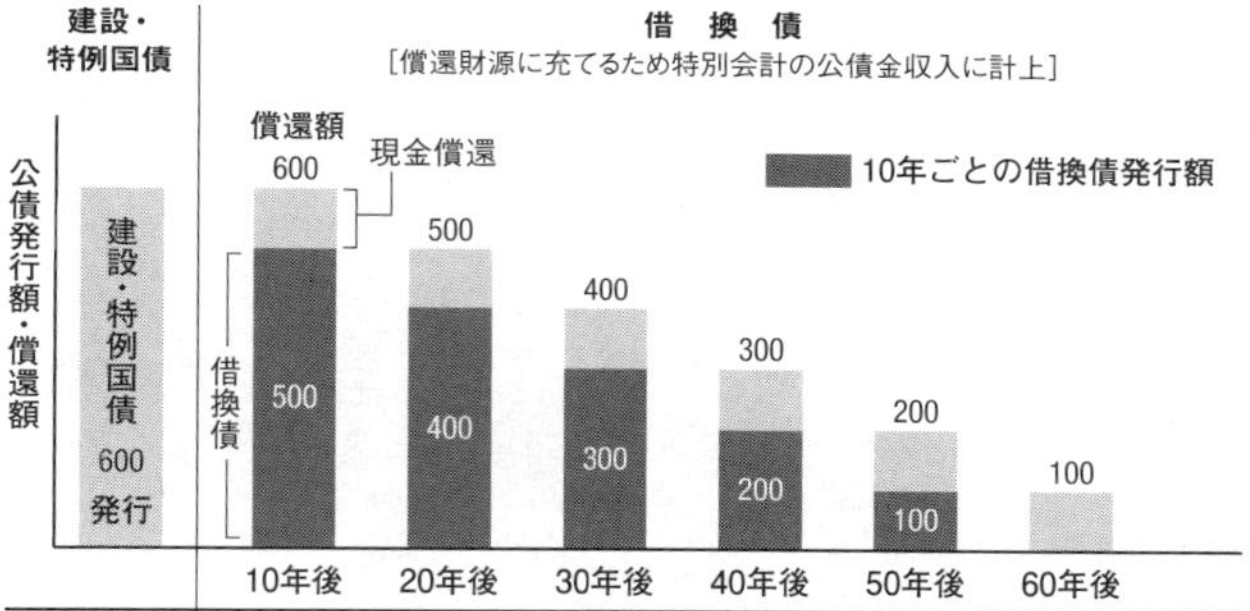

		10年後	20年後	30年後	40年後	50年後	60年後	
残高	600	500	400	300	200	100	0	
定率繰入額		2〜11年後 600×1.6%×10=96	12〜21年後 500×1.6%×10=80	22〜31年後 400×1.6%×10=64	32〜41年後 300×1.6%×10=48	42〜51年後 200×1.6%×10=32	52〜61年後 100×1.6%×10=16	計336
不足額		4	20	36	52	68	84	計264

ればよく、ここでは10年債の発行を繰り返すとします。図表7－8は、このプロセスを繰り返すことで60年後にすべて償還されるプロセスを示しています。

実は、この60年償還ルールにおいては、一般会計からの繰り入れだけでは不足額が発生する仕組みになっています。というのも、一般会計から繰り入れる際、前年度期首の国債残高の1・6％を繰り入れるという形になっているからです。この1・6％という値ですが、これは1／60を丸めた値になります。

当初に発行された金額の1／60を毎年、同じだけ一般会計から繰り入れていけば、60年間かけて返済することができます。し

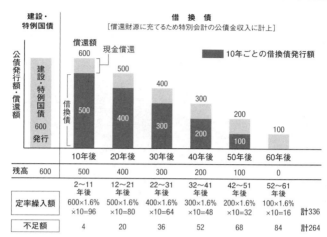

かし、繰り入れる額は1／60を丸めた1・6％ですし、それ以上に、ここでの繰り入れは、発行当初の残高ではなく、前年度期首の残高の1・6％になります。もちろん、毎年返済されるため残高が減っていきますから、繰り入れられる額が徐々に減っていくことになり、60年の間で完全に償還することができません。

実際、図表7－8を見ると、図表の下に60年かけて償還する際の、前年度期首の残高の1・6％として繰り入れられる「定率繰入額」と「不足額」の推移の記載もあります。これを見ると、600億円の借り入れに対して、返済額が最終的に264億円は不足します。

これでは60年かけても返済できないではないか、と思うかもしれませんが、制度的には、上述の①「定率繰入額」に加え、②一般会計における決算上の剰余金が発生した場合、その1／2以上を繰り入れるほか、③必要に応じて予算で定める金額を繰り入れるという形で、60年かけて返済するというルールになっています。

私がこの制度を最初に知ったとき、（その是非はともかく）60年償還ルールを導入するなら、一般会計からの繰り入れのみ（定率繰入のみ）で60年後にきっちり返済することを担保できる仕組みにすべきと感じましたが、このような仕組みになった経緯を知りたい人は、杉本・服部（2021）[*47]を参照してください。

60年償還ルールは機能しているか

60年償還ルールはしばしば批判されることがあります。例えば、60年償還ルールのような償還ルールを持っている国は、（私の理解では）日本だけであり、その必要性がないのではという指摘があります。また、このルールがあるものの、国債の発行額はどんどん増えているのですから財政規律につながっていない点も指摘されます。

私個人も、60年償還ルールが返済ルールとしてうまく機能しているかということについては懐疑的です。というのも、国債を発行して、政府が60年かけて返済するといっても、財政赤字が常態化していたら、その返済のための資金はどこにもないことになります。したがって、当該国債を60年かけて返済するための資金は、やはり別途、国債を発行して調達するしかありません。

＊47　杉本健輔・服部孝洋（２０２１）「我が国減債基金制度の変遷―国債整理基金特別会計と60年償還ルール―」（*CREPE DISCUSSION PAPER* NO. 110　https://www.crepe.e.u-tokyo.ac.jp/results/2021/CREPEDP110.pdf）

その一方で、60年償還ルールにより、国債のプロの投資家から見ても複雑な制度が生まれてしまったともいえます（実際、国債の実務家の間でも60年償還ルールは複雑だとされています）。その意味で、60年償還ルールがあることによって、国債制度をむやみに難しくしてしまっている側面もあり、私個人は、このルールに固執する必要はないと思っています。

60年償還ルール撤廃は財源確保になりえるか

60年償還ルールについては、このルールを撤廃することにより財源を確保するという議論がなされることがあります。図表7－9は一般会計の歳出の内訳を見たものですが、この中に債務償還費と呼ばれる項目があり、全体の15％程度を占めていることがわかります。この金額は60年償還ルールに基づき償還されるための財源といえるものですが、60年償還ルールをなくせば、この部分の歳出が減るようにも思われるかもしれません。

しかし、60年償還ルールを撤廃することを通じて、なにか新しい財源が捻出されるわけではありません。例えば、図表7－10の予算フレームを見てほしいのですが、歳出の国債費の中に約17兆円の債務償還費が計上されていますが、実は、歳入の公債金の中にも債務償還費相当分が約17兆円計上されていることが確認できます。60年償還ルールを撤廃することにより、たし

図表7-9　令和6年度の一般会計歳出

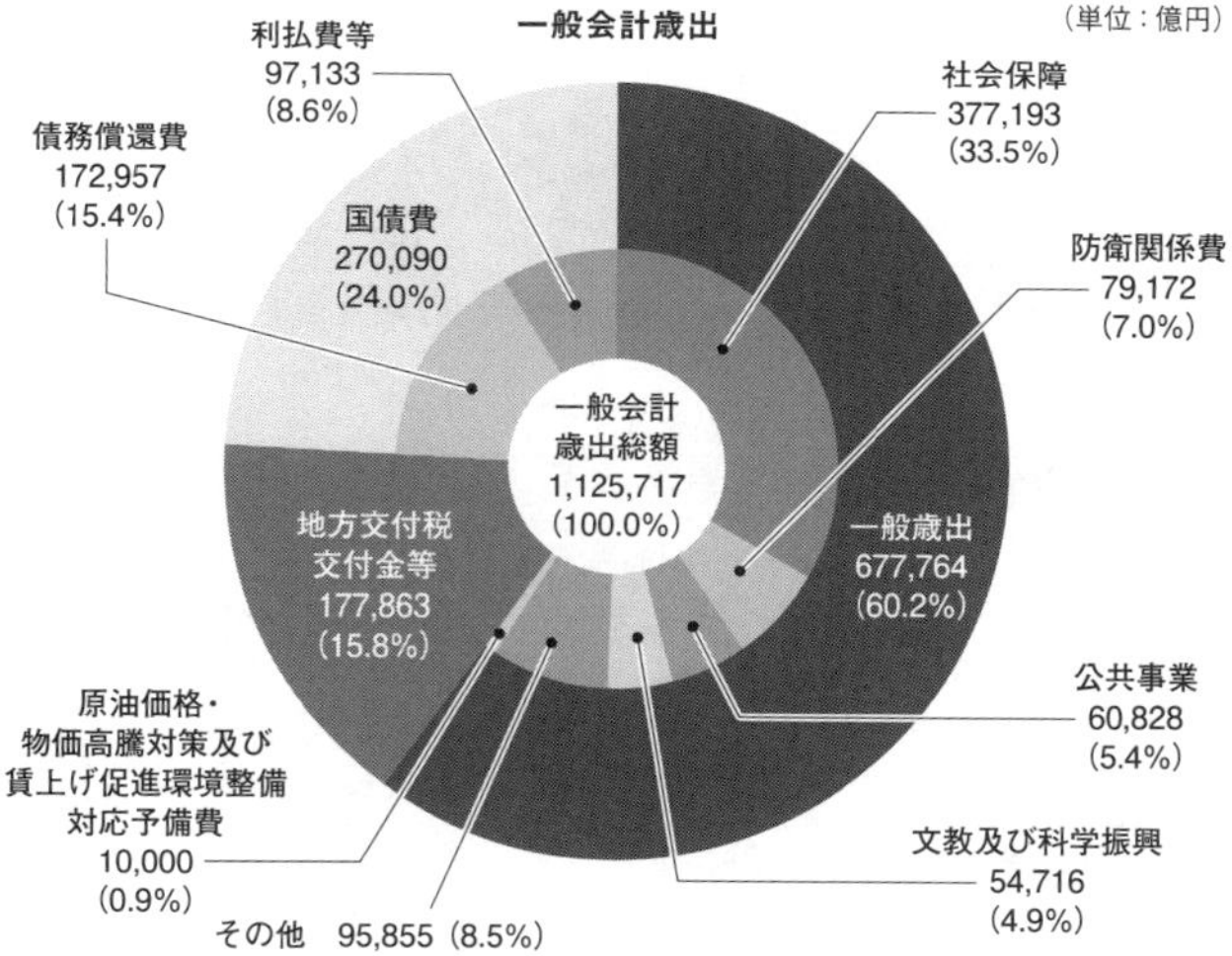

食料安定供給関係費	12,618（1.1%）	恩給関係費	771（0.1%）
エネルギー対策費	8,329（0.7%）	その他の事項経費	57,402（5.1%）
経済協力費	5,041（0.4%）	予備費	10,000（0.9%）
中小企業対策費	1,693（0.2%）		

（出所）財務省

かに歳出における債務償還費は減るものの、歳入も同額減るとなれば、財源になりようがないわけです。

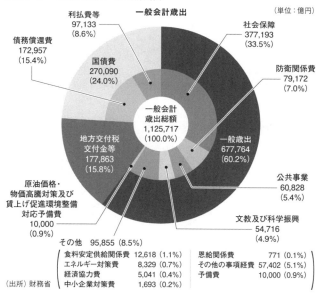

国債整理基金特別会計

60年償還ルールを運営するうえで、日本は国債を返すための基金（減債基金）を持っており、これを国債整理基金特別会計といいます。

歴史的には、日露戦争のときに、高橋是清が減債基金を作った経緯があります。前述のとおり、高橋是清はユダヤ人の投資家であるジエイコブ・シフを説得して日露戦

図表7-10　令和6年度予算フレーム

（注）単位は億円

	6年度予算
（歳　出）	
一般歳出	677,764
社会保障関係費	377,193
社会保障関係費以外	290,571
原油価格・物価高騰対策及び賃上げ促進環境整備対応予備費	10,000
地方交付税交付金等	177,863
国債費	270,090
うち債務償還費（交付国債分を除く）	169,417
うち利払費	96,910
計	1,125,717
（歳　入）	
税収	696,080
その他収入	75,147
公債金（歳出と税収等との差額）	354,490
債務償還費相当分（交付国債分を除く）	169,417
利払費相当分	96,910
政策的支出による赤字相当分（基礎的財政収支赤字）	88,163
計	1,125,717

（出所）財務省

争のための資金調達をしました。しかし、当時の日本は小国であり、その返済が不安視されました。そこで、外国人投資家に返済がなされることを担保するため、減債基金を設けました。いわば、返済のための「シンボル」としての減債基金（国債整理基金特別会計）です。

そもそも国の会計は、毎年度、網羅して理解できるよう単一の会計である「一般会計」での管理が望ましいとされており、単一会計主義と呼ばれています。もっとも、資金管理のわかりやすさを高めるため、一般会計から切り離し、特別会計を設けることがあります。

例えば、読者が企業に勤めるサラリーマンであり、一方で不動産投資もしていたとします。その不動産投資の割合が大きくなった場合、不動産投資の収入とサラリーマンとしての給与がごちゃ混ぜになると、それぞれの状況がわかりにくくなりえます。そこで、それらをすべてまとめて管理するより、不動産投資は不動産投資のみという形で収支を見たほうが、不動産投資からどれくらい利益が上がっているか、などがわかりやすくなるともいえます。特別会計を設ける発想はここにあります。*48

国債についても、単年度の発行額だけですでに200兆円に近い規模となっており、一般会計の規模を凌駕《りょうが》しています。したがって、国債の償還に関しては別の財布で管理しておいたほうが、その償還の流れがわかりやすくなるとともに、通常の歳出と歳入の理解も高まる、という発想で国債整理基金特別会計が作られています。

もっとも、特別会計があることにより、むしろわかりにくくなるという意見もあり、特別会

＊48 特別会計に関心がある読者は、齋藤・服部「齋藤通雄氏に聞く、国債を巡る資金の流れと特別会計の基礎」（前掲）を参照してください。

図表7-11　特別会計の数の推移

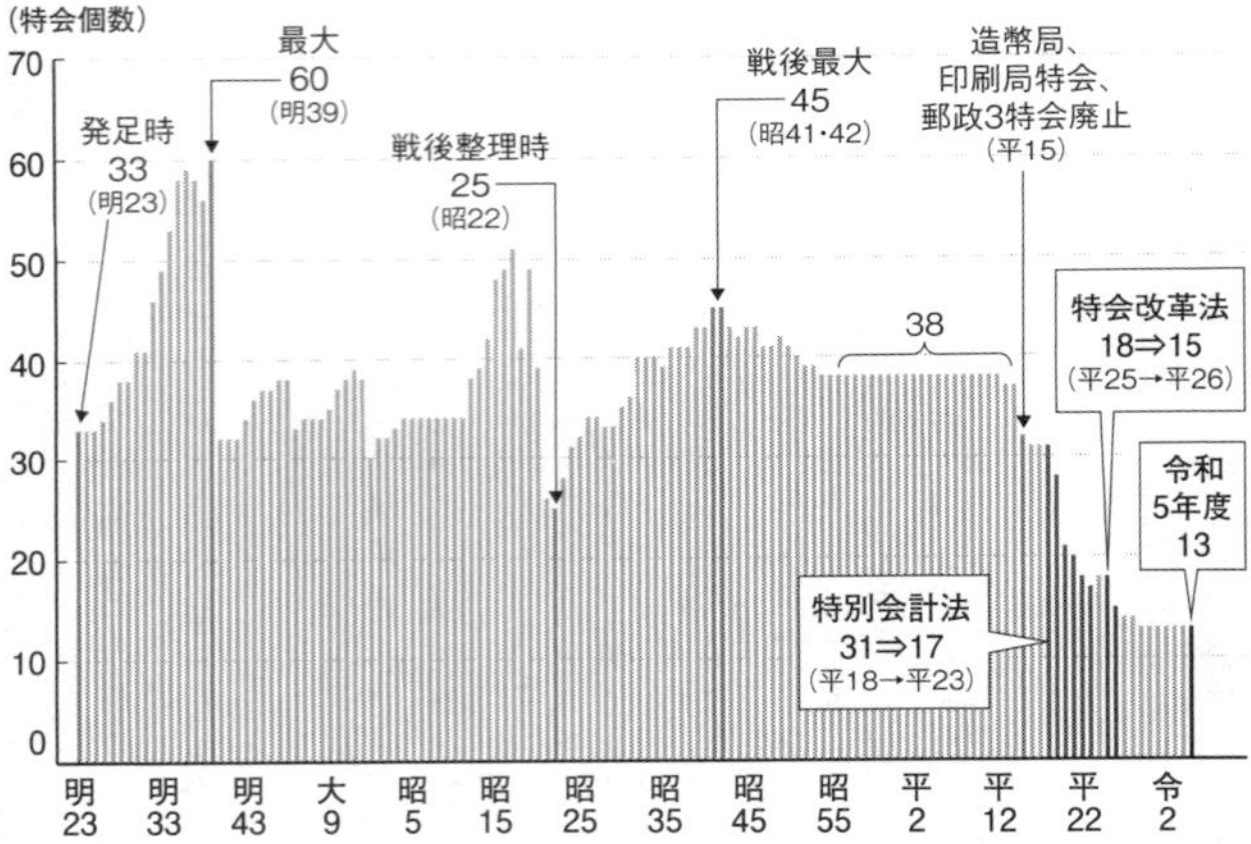

(注) 平成24年度においては、東日本大震災復興特別会計が新設されています。

(出所) 財務省

計の存在自体、しばしば批判にさらされています。実際、図表7－11にあるとおり、これまで特別会計は統廃合がされてきました。今後も、必要に応じて統廃合されていくことでしょう。

7．6　GX経済移行債

日本国債は、新規国債や借換債などと区別されずに投資されていると説明しましたが、その例外として、GX経済移行債があります。そもそもGXとは、「グリーン・トランスフォーメーション(Green Transformation)」の略です。岸田政権は、2050年までにカーボン・ニュートラルを実現することを目指して、10年間で20兆円の政府支出を投じることを決めました。この資金調達を実現するために発行される国債が、ＧＸ経済へ移行を促すという意味合いから、ＧＸ経済移行債と呼ばれます。*49

そもそも、債券には、その使途を特定の利用に絞ったものがあります。特に、環境問題の解決に使途を絞る債券は、グリーン債（グリーン・ボンド）やＳＤＧｓ債などと呼ばれます。本書では細かく触れませんが、どのような形で環境問題の解決がなされるかで細かく分類されており、実際にその使途に沿っているかを認証する機関も存在します。

気をつけてほしいのは、ＧＸ経済移行債を発行する場合であっても、個別銘柄として発行しないという選択もあることです。この場合、他の国債を統合して発行することから、国債の流動性を上げることができるというメリットがあります。

もっとも、債券市場には、環境問題の解決に資するのであればリターンが低くても投資したいという投資家が存在します。実際、環境や社会問題の解決のために投資することを重視する

*49　ＧＸ経済移行債のうち、個別銘柄として発行されるものをクライメート・トランジション利付国債といいます。

機関投資家は多く、その投資はＥＳＧ投資やサステナブル投資などと呼ばれます。そのため、ＧＸ経済移行債という別の債券を発行し、その使途を環境問題の解決に絞ることで、彼らに訴求することができれば政府は調達コストを落とすことが可能です。環境配慮をした場合、当該債券にプレミアムが付されることから、「グリーン」と「プレミアム」をあわせて「グリーニアム」と呼ばれます。

２０２４年から、ＧＸ経済移行債については、通常の国債と区別して発行されることとなりましたが、上述の観点で、ＧＸ経済移行債を発行した際、通常の国債を発行するのに比べ、資金調達の費用（金利）を抑えることが可能になるか（グリーニアムが発生するか）が気になる点です。もっとも、グリーニアムは２０２４年の発行当初は発生したものの、その後必ずしも安定的に発生しているとはいえません。前述のとおり、我が国では新しい国債が定着しない場合もあることから、今後の動向が注目されます。

第8章　デリバティブを正しく理解する

8．1　先物市場と国債市場

デリバティブとはなにか

本章ではデリバティブについて議論をしていこうと思います。デリバティブとは、国債や株式などの資産から派生した金融商品です。第3章で、デリバティブの代表例として国債先物を説明しましたが、これは国債の予約取引でした。国債の予約取引は、国債という商品から「派生」して生まれた金融商品で、その価値は国債をもとに決まります。デリバティブには、先物以外にも、先渡契約、スワップ、オプションなどがあります。デリバティブの知識は国債市場など、金融市場全般を理解するうえで必須といえます。

なぜ私たちがデリバティブについて学ばなければならないかというと、何気ない金融商品の中にもデリバティブが含まれている可能性があるためです。例えば、一定の条件を満たすと早期償還される金融商品などです。このような契約は、債券だけでなく、保険商品などでも目にすることが多いと思いますが、このような条件を含む金融商品にはデリバティブが含まれていることが示唆されます。

読者の中には、デリバティブに対して、マイナスのイメージを抱いている方もいるかもしれません。例えば、仕組債や仕組商品と呼ばれるものは、デリバティブを内包した商品ですが、仕組債などで損失を被ったケースを取り上げた記事が大きく報じられることもあります。このようにマイナスのイメージを持たれがちなのは、デリバティブが入ることによって商品性が複雑化し、投資家が想定していなかったリスクを取っていることが背景にあるのではないかと思います。

本章では、先物取引の商品性について詳しく説明しますが、読者が個人投資家である場合、先物などデリバティブの取引については細心の注意を払ってほしいと考えています。私個人は、個人投資家が金融商品に投資をする際、できるだけシンプルな商品にその対象を絞ったほうがよいと考えており、率直にいえば、先物取引や信用取引などは避けたほうがよいと思っています。ただ、国債市場は市場参加者のほとんどが銀行や生命保険会社などプロフェッショナルな投資家であるため、国債市場を理解するためには先物取引の知識が欠かせません。本章で先物などデリバティブを取り上げる理由は、個人投資家の先物取引を推奨するためではなく、あくまで国債市場の理解のためである点に注意してください。

1日数兆円の売買がなされる国債先物市場

本章で特に注目するのは、デリバティブの中でも、先物と呼ばれる商品です。私の学生時代を思い出すと、デリバティブの中でも、オプションについての勉強はしたものの、先物の勉強はあまりしませんでした。その理由は、オプションには商品性の複雑さや数理的な面白さがあると当時感じたからです。書籍についても、オプションの本に比べて先物を取り扱う本は少ない印象です。

しかし、その後、社会人として金融市場に関わる中で、まず最初にしっかりと学ぶべきデリバティブは先物だと感じました。なぜなら、国債に関係する商品では国債先物が最も流動性が高く、国債市場の市場参加者はまず間違いなく毎日、国債先物の価格を見ているからです。

第1章で国債市場において流動性がないと、その価格が意味を失う危うさがある点を指摘しました。国債先物市場は、1日で数兆円の売買がなされる市場であることから、国債先物の価格形成は、国債市場で最も重要といっても過言ではありません。国債先物は、後ほど説明するとおり、7年国債の価格変化と連動しており、高い流動性の中で形成された先物の価格は、7年国債との裁定取引を通じて、国債市場全体に影響を与えます。

先物は日本で誕生したデリバティブ

国債市場において先物が重要である点もさることながら、私としては、読者が日本人であれば、先物について特に知ってほしいという気持ちもあります。というのも、先物は日本で作られた金融商品とされているからです。[*50] 私の意見では、先物市場を作ったことは、金融産業において日本が世界に最も誇れるイノベーションの一つといってもよいのではないかと考えています。

金融先物を大きく発展させた人物も、日本と密接な関係があります。第二次世界大戦中、ユダヤ人のレオ・メラメド氏は、杉原千畝《ちうね》の「命のビザ」により日本に亡命しました。その後、メラメド氏は、米国に渡り、1970年代にブレトンウッズ体制が崩壊し変動相場制が始まる中で、シカゴで金融先物市場を作り、今ではシカゴは金融先物の地としても有名な場所となりました。

本章では、国債先物を軸に説明しますが、この知識はほかの先物でもそのまま応用可能です。国債以外にも、先物は、株式やコモディティ、ビットコインなど幅広い商品で取引されています。例えば、株式市場を理解するには、日経平均先物などの理解は必須といえます。なお、ここから先物の商品性の説明をしますが、国債そのものと国債先物を区別するため、前者を指す場合は「国債現物」や「現物」と表現します。

先物は予約という形を取ることで流動性を高める仕組み

そもそも先物の理解は難しいとされています。私の実感では、実務的に先物市場に触れたことがないと、先物の仕組み自体をイメージしにくいのではないでしょうか。そこで、先物の仕組みをできるだけ直感的に説明しようと思います。

まず、前述のとおり、国債先物とは、国債の予約取引のことです。それでは予約の経済性を考えるため、例えば、読者が「書籍」の予約取引をするケースを考えましょう。[*51] 今日、書籍の

＊50　堂島米市場は、世界における組織的な先物取引所の先駆けとして知られています。

予約取引をするとは、現時点で、予約価格を決めて、今は支払いをせず、1週間後など予約日（決済日）に、事前に決めた予約価格を支払い、書籍を受け取るということです。

国債先物は国債の予約取引ですので、そのロジックは同じです。今、国債先物を購入するとは、今の時点で、将来取引する価格を決めることです。将来、支払いをし、国債の現物の受け渡しをするということになります。

先物の難しさは、先物は予約取引であるにもかかわらず、投資家は予約をしたいためにそれを使っているわけではない点です。投資家は、実は、予約をしたいわけではなくて、予約という仕組みを使うことで、ある商品の流動性を劇的に上げることができるため、先物取引を行っています。この点に先物の本質があります。

この仕組みをもう少し深く考えてみましょう。先ほどのように、書籍をその場で購入する場合と、書籍の予約取引をする場合があるとします。書籍の価格を100円とすると、その購入にあたって、100円支払わなければいけません。ただ、予約取引でいいのであれば、今、代金を払う必要はありません。予約するだけですから。

その一方で、「書籍（現物）」と「書籍の予約取引」は、受け渡し日（決済日）になれば完全に同じ商品になるのですから、両者はほぼ同じ商品と見ることができます。予約という形を取ることのメリットは、予約時点で購入代金を持っていなくても取引ができる一方で、「書籍（現物）」と「書籍の予約取引」の価格はほぼ同じ動きをするがゆえ、予約取引をすることで、その時点ではお金を使わずに、現物である「書籍」の価格変化に伴う投資（ないし投機）ができてしまう点です。これが予約取引という形にすることの強力な利点です。

事実、両者はほぼ同じ取引なのですから、価格が同じように動いたとしてもまったく不思議ではありません。価格の変化から利益を享受したい投資家にとっては、投資をしたい金融商品と同じ動きをする限り、現物でなくても、予約取引である先物で全然かまわないはずです。もちろん、書籍にせよ、債券にせよ、現物を持つことに意味がある人がいる点にも注意してください。[*52]

第2章では、類似性の高い商品の価格に乖離が生じた場合、「裁定取引」によりその価格が

＊51　新刊書籍は再販制度があるため固定価格なのですが、ここではわかりやすさを重視した例としています。

＊52　例えば、国債の場合、担保として保有したいケースもあり、これをしばしば「担保需要」と表現します。

収れんするという話をしました。ここでも、「書籍」と「書籍の予約取引」は類似的な取引であることから、「裁定取引」が活発になされることにより、最終的に「書籍」と「書籍の予約取引」の価格は同じ動きをすることになります。ここで、「書籍」と「書籍の予約取引」が似た動きになるのは、十分な裁定取引がなされるから、という大前提がある点に注意してください。

大切な点は、先物は予約取引であるため、巨大な取引ができる点です。ある書籍の値段が100円である場合、1億冊を購入するためには100億円必要なのですが、その予約取引であれば、予約取引時点では100億円を用意する必要はないわけです。これが巨大な流動性の源泉といえます。

取引所取引と店頭取引：上場とは

流動性を確保するという観点で、先物は取引所で取引されるという工夫もなされています。そもそも、金融商品の取引には、「店頭取引」と「取引所取引」があります。「店頭取引」については第1章で説明しましたが、国債市場は、証券会社が国債を在庫として有し、相対で取引します。これを店頭取引や相対取引といいます。

図表8－1　取引所取引と店頭（相対）取引

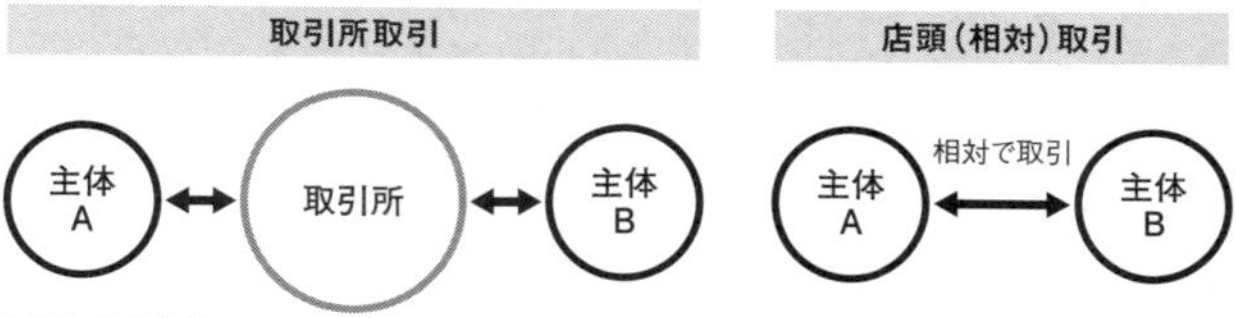

（出所）筆者作成

一方、先物市場は図表8－1の左図のように、例えば、大阪取引所のような取引所を介した取引であり、「取引所取引」と呼ばれます。取引所取引では、読者と私が取引をする際、取引所を通じて取引を行うということです。

「上場」という言葉を聞いたことがあるかもしれませんが、上場とは、取引所で株式など金融商品を取引できるようにすることです。例えば、読者が株式会社を作って、私がこの会社に出資して株主になったとします。この場合、読者の会社が株式を発行し、私がそれを購入するという形で、あくまで1対1の相対で取引がなされています。読者の会社は上場前ですので、私がこの株を他者に売却するのは簡単ではありません。もし売却をしたければ、自分で相手を見つける必要がありますし、仮に相手を見つけられたとしても、両者が合意できる価格を見つけることは容易ではありません。

その後、読者の会社が大きくなり、上場したとしましょう（これを「株式公開〈IPO, Initial Public Offering〉」といいます）。これにより、この会社の株式は、取引所で取引できるようになり、多くの人が売買できるようになります。それは、この会社の株主である私にとっても売却が容易になることを意味します。また、上場により、この株式が日々売買され、その取引価格がわかることで、この株式の価格の透明性が向上します。

国債先物は取引所取引と説明しましたが、要は、先物は、「国債の予約取引」を取引所に上場させることで多くの人が売買できるようにしているわけです。ちなみに、(取引所ではなく)店頭市場で取引される予約取引もあり、これを「先渡(フォワード)契約」といいます。

先物によりショートが容易になる

先物のメリットとして、ショート(空売り)することが容易になる点も指摘できます。第3章で述べましたが、ショートとは、国債を借りてきて、それを売却することで、価格が下がったときに利益を得るポジションでした。したがって、国債現物でショートのポジションを構築しようと思うと、国債を借りてこなければなりません。そのためには、国債の貸し借りを行う市場(レポ市場)にアクセスできなければなりませんが、レポ市場で取引が可能になるには、先物に比べて、インフラの設備面などでコストが生じます。事実、機関投資家でも、レポ市場にアクセスできないことが少なくありません。

一方、国債先物であれば、あくまで予約取引なので、現時点で国債現物を持っていなくても、「将来の受け渡し日に国債を渡します」という約束をすること（つまり、先物を売ること）でショートのポジションを作れます。現時点の価格で先物を売った後、価格が下がって、買いなおせば、価格が下がることにより利益が得られるという、空売りと同じ経済効果が得られます。先物取引では、取引所で、予約取引において買いたい人と売りたい人をマッチングさせるだけなので、簡単にショートのポジションを作ることができますし、多くの機関投資家が取引可能です。

このように先物取引ではショート・ポジションが作りやすいことから、実際、国債市場の市場参加者は金利リスクをヘッジするため、国債先物を用いたショートを多用しています。これは第3章でも挙げた例ですが、国債のトレーダーである読者が国債を保有している場合、顧客の買い注文に備えるために、国債を在庫として保有しておいたままにしたいと考えています。リスク管理の観点でリスク量を落とさなければならないとしても、在庫管理の都合上、国債そのものを売るわけにはいかないとします。

そこで、国債先物をショートすることで、国債現物の価格と逆の動きをするポジションを作ります。これにより、国債現物の価格が下がった場合、在庫から損失が発生しますが、先物をショートしておくことで、価格が下がった場合に先物から利益を上げることができるという形で、国債現物の価格変動を抑えることが可能になり、在庫である国債を売らなくてもリスク量を落とすことが可能になるのです。

取引所で取引するために標準化

このようにさまざまなメリットがある先物ですが、前述のとおり、「予約取引」を上場させるには、多くの投資家のニーズに応えるための工夫が必要です。例えば、先物は「標準化」もなされています。オーダーメイドのよさは、読者にとって望ましい商品を作ることができる点ですが、逆に見れば、読者にしかあっていないかもしれない可能性を有します。スーツを多くの人のニーズにあわせるために、標準的なサイズ感として「S／M／L」といった規格を作るように、先物の商品設計でも「標準化」が行われています。読者が買ったスーツを多くの人のニーズにあわせるには、多くの人が欲しいと思うような「標準化」が必要になるといえます。

具体的には、取引される国債の年限・クーポンと、決済日（予約した取引が決済される日）を標準化した仮想的な国債を上場させるという工夫がなされています。年限については上場された仮想的な国債をロング（ショート）すると、決済日に、7年から11年の国債と一定のルールで交換できるという仕組みが取られています。

実際に受け渡す「決済日」については、国債先物の場合、3・6・9・12月のタイミングで受け渡すようにしています。このような決済日を「限月《げんげつ》」と呼びます。例えば、3月に決済日を迎える先物を「3月限《がつぎり》」といいます。なお、国債先物では、満期の近い限月がもっぱら売買される傾向にあります。最も売買される限月を「中心限月」といいます。

取引の安全性確保のための証拠金

予約する時点では資金は必要ないと言及しましたが、実際には、予約取引が安全に履行されるために、証拠金を差し入れる必要があります。店頭取引（相対取引）と違い、取引所取引はいろいろな投資家が集まって取引をするため、取引相手がなじみがある人とは限りません。したがって、取引した相手が、その取引をきちんと履行しないということも起こりえます。例えば、3か月後に国債を買いますよ、という予約取引をしても、購入義務を果たさないということが起こりえるわけです。

そのため、取引を毎日時価評価したうえで、不足があれば、証拠金を求めることにより、取引の安全性を担保しています（追加的に証拠金を求められることを「追証《おいしょう》」といいます）。なぜなら、十分な証拠金を取っていれば、その相手が仮に取引を履行しなかったとしても、その損失をカバーできるからです。証拠金の金額については、先物を売買することから発生しうる損失額を見積もり、その損失額が十分カバーできるように定められています。

書籍の予約取引の例では、話を簡単にするため、当初資金を用意しなくてよいと説明しましたが、実際の先物取引では証拠金を取引時点で支払う必要があります。国債先物の取引単位は1億円なのですが（これを1枚と表現します）、この1億円のポジションに対して、例えば、100万円の証拠金が求められる場合、手元に100万円あれば、先物の売買により1億円のポジションを持つことができます。このように、現物取引と比較して少額で大きな金額の取引をすることを「レバレッジ」といいます（この例だと、100倍のレバレッジを取っていることを意味します）。

国債先物≒7年国債

国債先物では、決済日に受け渡す国債は特定の国債ではなくて、7年から11年未満の国債の中から先物の売り手が選択するという制度になっています。つまり、国債先物の売り手は、決済日において、7年から11年の国債の中から、自分にとって都合のよいものを渡せばよい、という仕組みになっています（図表8－2）。

図表8-2　国債先物の受け渡しのイメージ

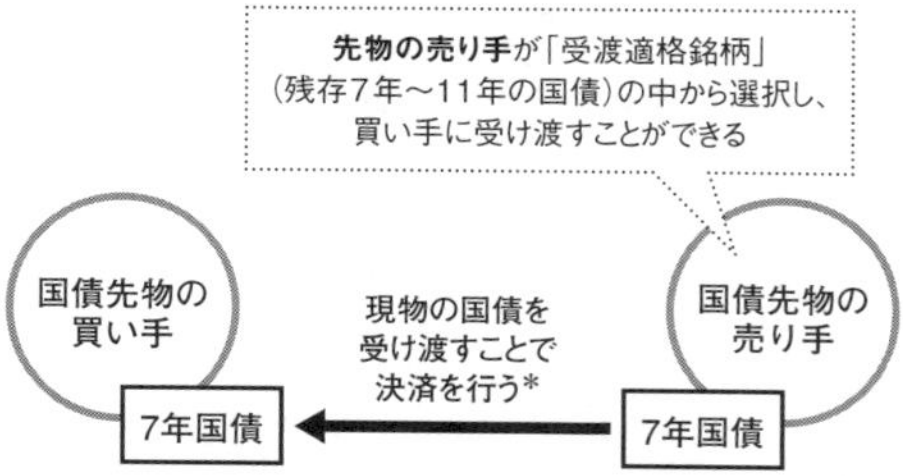

＊ここでは実際に受け渡しがなされる7年国債を例として記載しています。

（出所）筆者作成

このようにレンジを設けている理由は、誰かが特定の国債を買い占めたとしても、受け渡しに問題が起こらないようにするためです。例えば、7年国債を受け渡すということにしておくと、7年国債を誰かが買い占めて受け渡せなくするということもできます。こういう行為をスクイーズといいます。

実際、日銀がQQEを実施したことから、7年国債の大部分を日銀が保有するということが起こりました。仮に、7年国債だけしか受け渡せないという制度であると、日銀が7年国債をほとんど保有しているため、受け渡せないということも起こりえます。このようなことが起こると、国債先物と国債現物の裁定取引がなされなくなり、国債の現物と先物の価格の連動性が失われ、例えばヘッジなど大切な機能が失われてしまいかねません。国債先物は、このようなリスクに対処するため、7年から11年の国債というレンジを設けて受け渡せばよいという仕組みになっています。

その一方で、市場参加者は、国債先物というと「7年国債」と連動すると考えています。それは、現在の制度上、先物の決済日に、事実上、7年国債を受け渡す形になっているからです。例えば、読者が国債先物を買って満期日（決済日）まで保有したら、満期日に7年国債を受け取ることになる一方、読者が国債先物を売ったら、満期日に7年国債を受け渡すことになります。

なぜ、7年国債が受け渡されるかはその制度上、受け渡し可能な国債のうち、最も年限が短い国債を受け渡すコストが一番低いからです。[*53] イメージとしては、受け渡し可能な国債を複数設けているものの、特定の銘柄を受け渡しやすい仕組みを作ることで、7年国債に流動性が集中するという仕組みを作っています。

国債先物は、現物である債券を用いて決済をすることから、「現物決済」が取られています。しかし、例えば、日経225先物など、決済日に（現物ではなく）その時価をキャッシュで受け渡すという方法もあります。受け取る相手も、時価に相当するキャッシュをもらえば、それを使って現物を買えばいいのですから、キャッシュという形でもかまわないでしょう。これを「現金決済」といいますが、先物では現金決済が使われることも少なくありません。

限月交代と先物のロール

ちなみに、この章の前半で、市場参加者は先物を予約のために用いているわけではないと説明しました。このことを具体的に考えるため、再び、読者が国債のトレーダーであるという設定を思い出し、例えば、現時点が2024年8月だとして、仮に読者が2024年9月に満期を迎える先物（「9月限」の先物）を売っていたとしましょう（前述のとおり、満期が一番近い先物が最も活発に取引されています）。読者がこのショートのポジションを9月の満期（決済日）まで持ち続けると、7年国債を渡さなければなりません。もっとも、トレーダーである読者は、国債の在庫のリスク量を落とすため、先物をショートしています。そのため、現物（7年国債）の受け渡しは避けたいと考える一方、自分のリスク量を落としたままにしておきたいため、シ

＊53　その理由はテクニカルであるため、このロジックに関心がある読者は、『日本国債入門』の第5章を参照してください。

図表8-3　2018年の各限月の契約総数（建玉）の推移

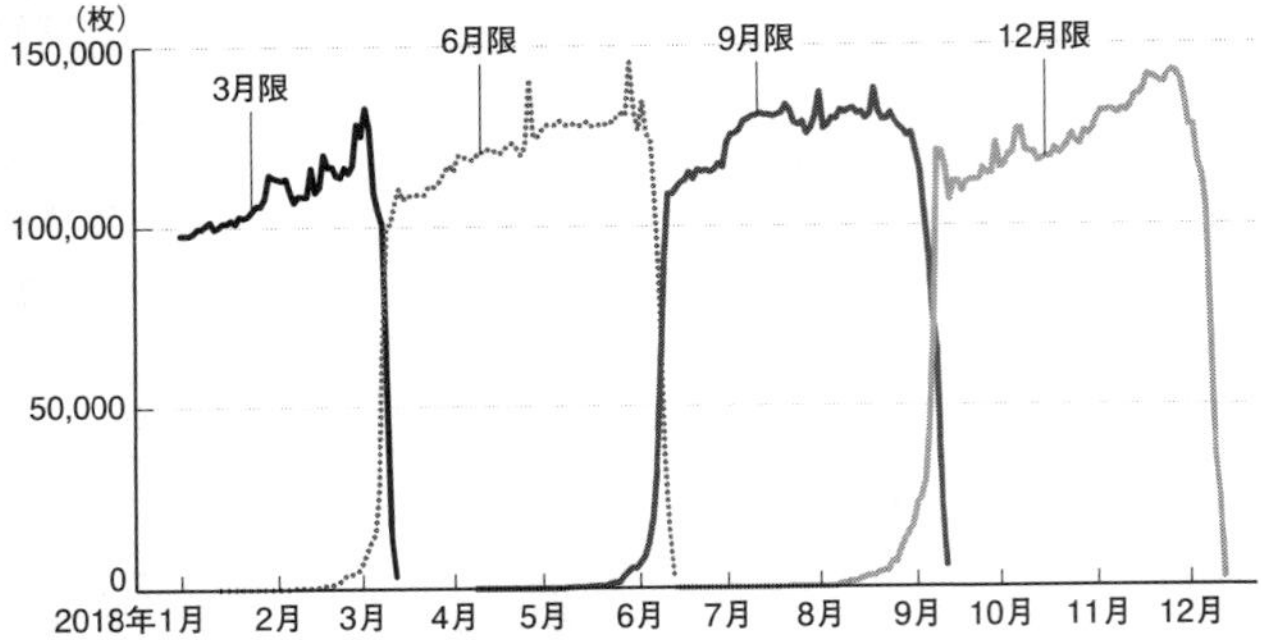

（出所）Bloombergをもとに筆者作成

ョートのポジションは継続したいと考えています。

そこで、ショートした先物（9月限の先物）が満期を迎える前に、9月限の先物を買うことで、当初のショート・ポジションを解消します。これは先物を売っていたところ、同じ先物を買うことでポジションをニュートラルにしています。このように9月限の国債先物のショート・ポジションを解消したことで、9月の満期に7年国債を渡す必要はなくなります。それと同時に、2024年12月に満期を迎える先物（「12月限」の先物）を売ることで、ショートのポジションを続けることができます。

実際に、先物の売りや買いのポジションを満期まで持ち切って、国債（現物）の受け渡しをする投資家は少なく、満期の前に、そのポジションを解消し、翌期の先物のショートやロングをするという形で、ポジシヨンをロール（乗り換え）していくことがほとんどです。この事実はデータからも確認できます。

図表8－3は、2018年における国債先物の各限月の契約総数（これを「建玉《たてぎょく》」といいます）[*54]の動きを示しています。この図からわかることは、各限月の取引最終日前に契約総数が低下していくとともに、満期が翌期の先物の契約総数が増加していくことです。先ほどの例でいえば、9月限の契約総数が9月の満期前に減少する一方、12月限の契約総数が増加していくということです。

高いレバレッジは危険か

先ほど高いレバレッジが先物によって生まれる点を指摘しました。このような仕組みには、ギャンブル性があるという批判もあります。たしかに、先物市場には投機的な取引も少なくないですから、そういう見方も理解できます。その一方で、巨大な市場を生み出すことで、その市場に多くの投資家の意見を反映したプライスが付され、そこで効率的な価格形成がなされる

＊54　建玉は「未決済契約の総数」と説明されるためややこしいですが、その時点における先物の契約総数と理解しておけば問題ありません。

ことを考えれば、それも重要な機能といえます。

この点については多くの人で意見が分かれるところかもしれませんが、先進国であればどこの国にも先物市場はあり、また、これまで長く活用されてきた歴史に鑑みれば、先物は社会的に必要なものだと解釈することができるかもしれません（社会的に本当に不要であればすでに淘汰《とうた》されていたでしょう）。

その一方で、この章の冒頭で強調したとおり、あくまでここでの議論は機関投資家向けの話です。個人投資家の場合、先物の取引には非常に慎重になるべき、より率直には極力避けるべきだと思っています。

8.2 金利スワップ

金利スワップは固定金利と変動金利の交換

ここまで、デリバティブの中でも先物を軸に説明してきたのですが、国債市場を理解するうえでは、デリバティブの一種である金利スワップについて理解することも大切です。そこで金利スワップについても簡単に説明していきます。

前述のとおり、デリバティブはある資産から派生した商品ですが、金利スワップは、金利から派生した商品です。金利スワップも、証券会社がマーケット・メイクをしています（先物のように取引所取引ではなく、相対取引の商品です）。そこで、今度は、読者が証券会社に勤める金利スワップのトレーダーだとイメージしながら話を進めていきましょう。

そもそも金利スワップとは、固定金利と変動金利の交換です。スワップ・トレーダーとしての読者の仕事は、金利スワップのプライスを投資家に出し、金利スワップの売買を通して利益を上げることです。例えば、トレーダーである読者が、私と金利スワップの契約を結ぶとしましょう。具体的には、読者が10年間などの一定期間、毎年あらかじめ定められた固定金利（例えば1％）を私から受け取る一方、読者は私に対してその時々の短期金利（変動金利）を支払うこととします。読者から見たこのような取引を、「スワップを受ける（レシーブする）」といいます（図表8－4の上図）。この際、読者が受け取る固定金利を「スワップ・レート」といいます。

一方、トレーダーである読者が変動金利を受け取り、私に固定金利を払う場合、「スワップを払う（ペイする）」といいます（図表8－4の下図）。

このようにスワップは固定金利と変動金利の交換ですが、この変動金利として、現在は、無担保コール翌日物金利（TONA, Tokyo OverNight Average rate）と呼ばれる1営業日の金利が使

図表8-4　金利スワップのイメージ

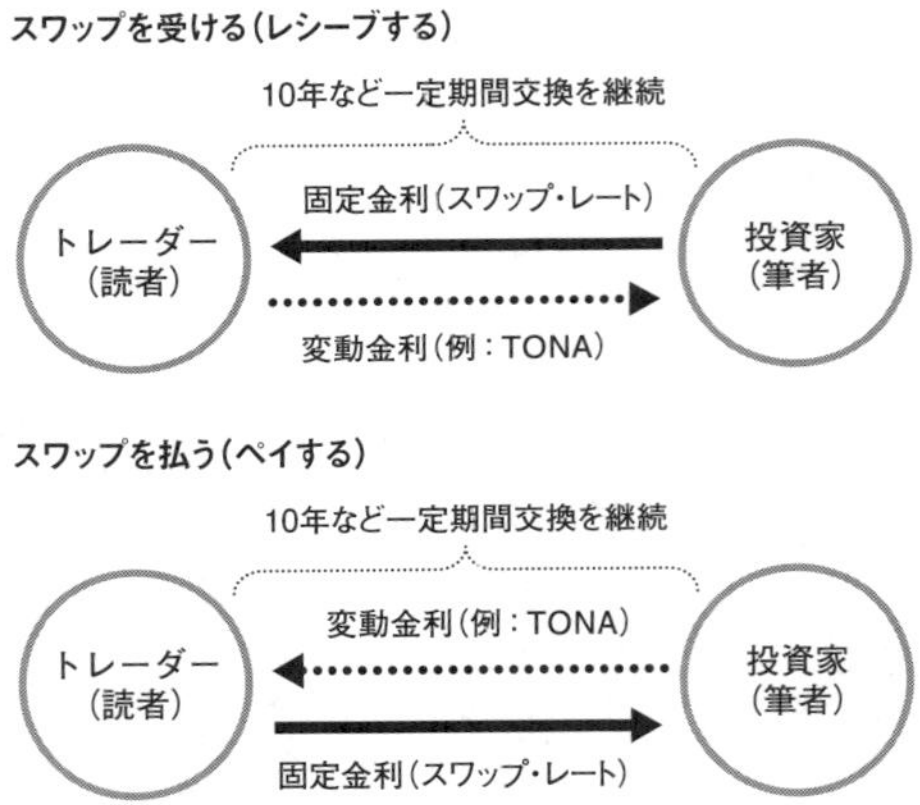

（出所）筆者作成

われる傾向があります。[*55] TONA《トナー》とは金融機関の間で1営業日、無担保で貸し借りする金利であり、日銀の政策金利として用いられている金利です（詳細は次章で説明します）。

　もっとも、金利スワップを固定金利と変動金利の交換と説明されても、なんのためにこういう取引がなされているか、理解しにくいと思います。円金利マーケットにおいて、金利スワップは国債以上に取引がなされているともいえ、巨大なマーケットになっています。

　しかし、少なくとも、私が学生のころに金利スワップを「固定金利と変動金利の交換」と説明されたときも、どうしてこのような取引が活発になされているかまったくイメージができませんでした。

金利スワップは国債とほぼ同じ

読者に理解してほしい点は、金利スワップの経済性をよく考えてみると、この取引は、国債のようなものだ、と解釈できることです。私が社会人の若手だったころ、先輩から「金利スワップは、ひとまず国債と同じ商品だと頭に叩《たた》き込みなさい」と習いました。そのため読者も、「金利スワップは国債とほぼ同じ商品だ」とまず頭に叩き込んでください。

金利スワップと国債の類似性を考えるため、再び、読者が国債のトレーダーだとしましょう。第3章での議論を思い出してほしいのですが、読者が国債のトレーダーだとして、国債の在庫を持つために、オークションで国債を買ってくる話をしました。その際、一つ議論しなかったことがあります。それは国債を買うための資金調達についてです。

読者が国債のオークションに参加して、例えば1億円の国債を購入するためには、大前提と

＊55　実際の取引では、固定レートを受け取る（支払う）一方、金利スワップの金利の交換期間に応じてTONAを複利計算したレートを支払います（受け取ります）。この金利はOIS（Overnight Index Swap）と呼ばれます。このほかにもTIBOR《タイボー》（Tokyo InterBank Offered Rate）と呼ばれる指標金利が変動金利として用いられることもあります。

して、1億円の資金を用意しなければなりません。資金がなければ、国債を買いようがないわけです。

いうまでもなく資金調達には調達コストがかかります。[*56] 例えば、銀行が預金で調達した場合、預金金利を払いますし、生命保険会社であれば生命保険契約に伴い支払うコストがあります。証券会社のトレーダーである読者は、そもそも預金も保険からの収入もないので、自ら資金調達をしなければなりません。

大切な点は、読者は国債を買うわけですから、国債購入のための借り入れを行う場合には、国債を担保として利用することができるということです。担保を出すことで調達コストを下げられることは、私たちが家を買うときに家という不動産を担保とすることでローンの金利を抑えられることと同じです。

第3章で国債の貸し借りを行うレポ市場の説明をしましたが、レポ取引とは、国債を貸す一方、現金を受け取る仕組みなので、これは国債を担保としたローンのようなものと解釈できます。この際、国債を担保にした金利をレポ・レート(レポ金利)といいます。

国債の投資も資金調達も含めれば、固定金利と変動金利の交換

レポ市場は短期間の契約が主軸の市場です（短期金融市場については次章で触れます）。国債を保有するためにレポ取引で資金調達を行う場合、国債の投資から得られる固定金利を受け取る一方、レポ金利という短期金利を繰り返して支払う（＝事実上、変動金利の支払いを行う）ことになります。これは、固定金利（＝国債の金利）を受け取って、変動金利（レポ金利）を支払う「固定金利と変動金利の交換」と解釈できます。

具体的に考えてみましょう。例えば、第3章のときのように、国債のトレーダーである読者が、10年債を在庫として持ちたいとします。もっとも、この国債を購入するためには資金が必要であり、国債を担保に1営業日の短期的な借り入れをします。そのイメージが図表8－5です。これは繰り返すようですが、読者が家を買ううえで、家（不動産）を担保に入れて借り入れをしていることと同じである点に注意してください。

レポ取引で資金を調達して国債を保有した結果が図表8－6ですが、読者は10年国債を保有するので10年金利を受け取りますが、その調達コストとして、レポ金利（1営業日借り入れるコスト）を支払います。

＊56　ここではわかりやすさの観点から、マイナス金利は考えないで話を進めています。

図表8-5　国債を購入するためにレポ取引で資金調達

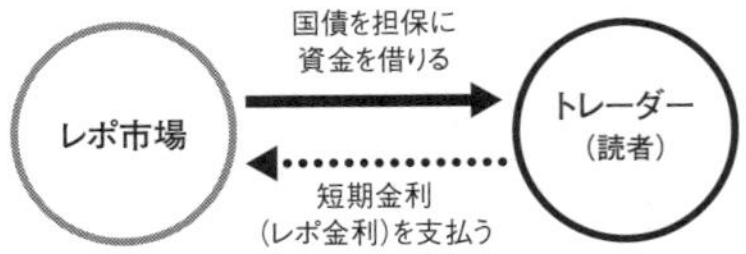

（出所）筆者作成

図表8-6　金利スワップと国債の類似点

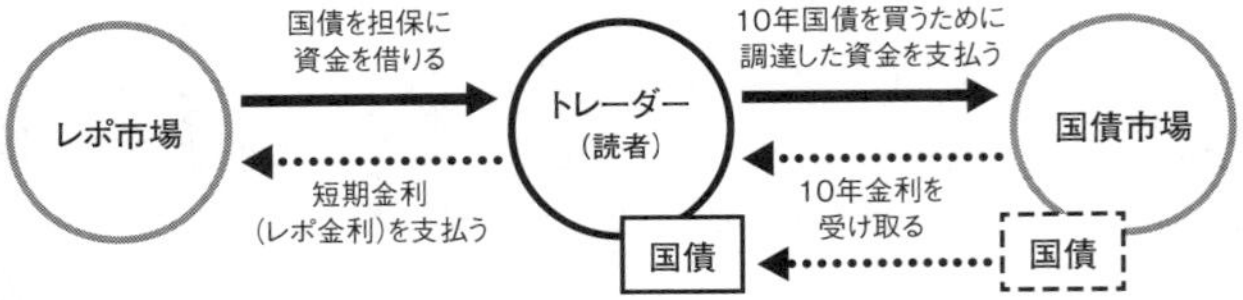

（出所）筆者作成

大切な点は、レポ取引はここでは1営業日の借り入れなので、1営業日たつと、レポ金利を支払い、資金を返済しないといけません。もっとも、読者にはその返済資金はないので、再び、レポ取引をして、短期的に借り入れをすることになります。

その結果、1営業日借り入れて、1日後に返済し、また短期借り入れをするということになります。気づかれたと思いますが、この取引において、読者は10年債を在庫として持ち続ける以上、10年金利（固定金利）を受け取るのですが、一方で支払う金利はその時々のレポ金利ということになります（図表8−7）。これは、まさに固定金利を受け取り、その時々の金利を支払うという経済行為ですから、スワップ取引と

図表8-7　調達コストも踏まえた国債保有のキャッシュ・フロー

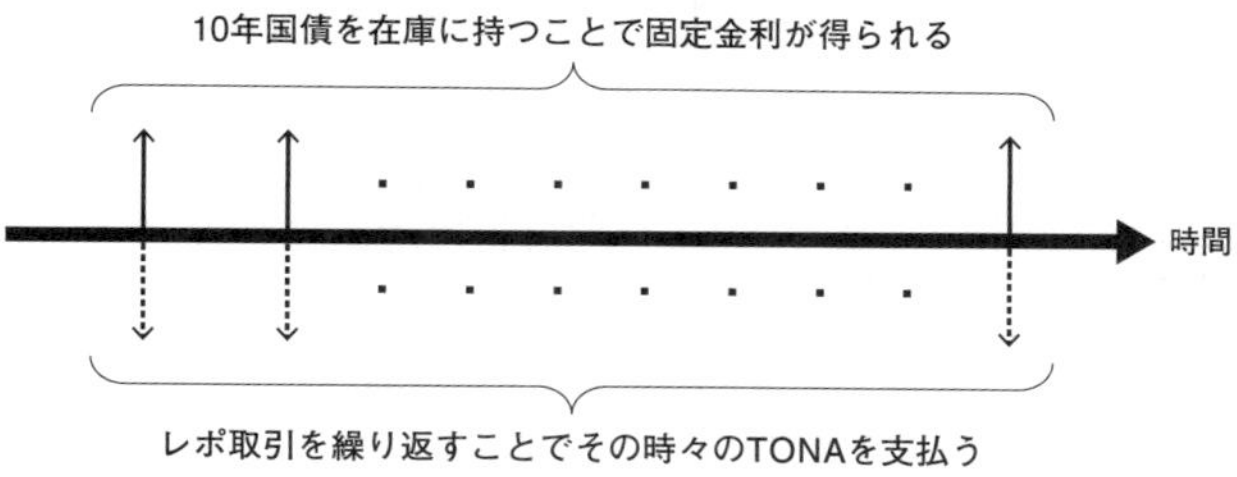
10年国債を在庫に持つことで固定金利が得られる
時間
レポ取引を繰り返すことでその時々のTONAを支払う

（出所）筆者作成

同じ「固定金利と変動金利の交換」になります。すなわち、国債への投資とは、国債を保有することから得られるリターンと、その調達コスト（レポ金利）を交換する行為なわけです。

第2章で説明したとおり、一物一価の法則によれば、同じ商品には同じ価格がつきますから、国債と金利スワップが似たものであれば、国債の金利とスワップ・レートは類似したプライスがつかなければなりません。実際、円金利市場の投資家は、国債と金利スワップを比較して投資をしています。

読者が金利スワップのトレーダーという設定に戻りましょう。読者としては、そもそも国債を購入すれば、財務省から金利が得られます。国債の金利が1％であれば、（100円に対して）1円もらえます。したがって、固定金利であるスワップ・レートがいくらであれば金利スワップ取引に応じられるかというと、国債の金利と同様に1％と類似した値に違いないと推測できるわけです。金利スワップ・トレーダーの仕事は、金利スワップ・レートと国債の金利が類似した値になるものの、テクニカルには異なる点があるため、その違いがどれくらいになるかを考えてプライスを提示するとともに、適切にリスク管理を行うことと解釈することができます。*57

スワップ・レートから織り込む利上げ確率：ＢＯＪスワップ

ここまで金利スワップは「固定金利と変動金利を交換する取引」だと繰り返し説明してきました。この際、変動金利として使われるＴＯＮＡは日銀の政策金利に用いられているため、金利スワップの固定金利（スワップ・レート）を分析することで、市場参加者が、日銀による利上げ（利下げ）についてどのように考えているかを計算することができます。実は、次回の金融政策決定会合の直後をスタート、その翌期の決定会合までをエンドとする金利スワップが取引されています。この金利スワップは、日銀をＢＯＪ（Bank of Japan）ということからＢＯＪスワップと呼ばれています。

例えば、２０２４年には、日銀の決定会合が7月30日・31日に実施され、その次の会合が9月19日・20日に実施されました。現時点が7月上旬なら、このＢＯＪスワップは、次回の決定会合が終わった後（8月1日）にスタートして、その次の決定会合の2日目（9月20日）にエンドとなる金利スワップです。

そのイメージは、図表8－8のとおりですが、この図における矢印が固定金利と変動金利を交換する期間です。読者がこの金利スワップを受けるならば、この矢印の期間、固定金利を受け取る一方、その時々の金利（TONA）を支払うことになります。

ここで今が2024年7月頭だと想定し、このスワップの経済性を考えてみましょう。読者が証券会社と固定金利を受け取るBOJスワップを結ぶことを検討しているとします。仮にその際取引されているスワップ・レートが0・15％であるとしましょう。この金利スワップを読者が受ける場合、読者は次回の決定会合後（8月1日）から、その次の決定会合（9月20日）

＊57　国債と金利スワップは高い連動性を持っていますが、厳密にいえば、国債はレポ金利（有担保取引）、金利スワップはTONA（無担保取引）を元にプライシングされており、それぞれが高い流動性を持ち巨大なマーケットを形成しています。そのため、同じものと言い切るのは厳密には誤りですが、ここではわかりやすさを重視し、類似的な取引としています。金利スワップの詳細を知りたい人は『日本国債入門』の第11章を参照してください。

図表8-8　BOJスワップ：固定金利と変動金利を交換する期間

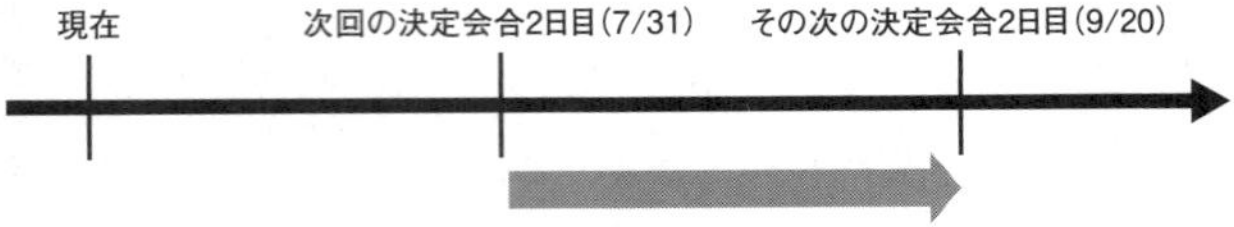

（出所）筆者作成

までＴＯＮＡ（＝日銀の政策金利である点に注意）を毎営業日支払う一方で、[*58] 証券会社から０・１５％の固定金利を受け取ることになります。

２０２４年７月時点で、日銀はＴＯＮＡが０％～０・１％で推移するように誘導をしており、実際にＴＯＮＡはおおよそ０・０８％程度で推移していました。したがって、もし日銀による利上げがなければ、再び、０・０８％程度で、８月以降も推移していくことが予測されます。読者としては、ＢＯＪスワップの取引をした場合、利上げがなければ、０・０８％程度の変動金利を支払い、０・１５％の固定金利を受け取るので、この取引は得だと感じられます。

しかし、７月の決定会合で、日銀が利上げをし、例えばＴＯＮＡが０・２５％に誘導されるとしたらどうでしょう。ＴＯＮＡが８月から０・２５％程度で推移していくとすれば、読者は、このＢＯＪスワップの取引で、固定金利は０・１５％しかもらえないのに、変動金利で０・２５％支払うことになり、これでは損をします。したがって、読者が利上げを予測するならば、０・２５％以上の固定金利（スワップ・レート）

をもらえなければ、このＢＯＪスワップの取引に応じたくないはずです。

当然、スワップ・レートは多くの市場参加者の需給に依存して決まります。多くの投資家が日銀の利上げを予測すれば、スワップ・レートが上昇していき、０・２５％に近づきますし、利上げがないと考えれば、スワップ・レートは０・０８％に近づきます。したがって、市場で取引されるスワップ・レートを観察することにより、投資家がどの程度、将来の決定会合で利上げを見込んでいるかについて予測ができるわけです。

＊58　実際の取引では、毎営業日支払うのではなくて、ＴＯＮＡを複利計算したレートを支払いますが、ここではわかりやすさを重視した説明になっています。

第9章　短期金融市場と日銀の金融政策

9．1　短期金利および短期金融市場

短期金融市場とはなにか

最後に、短期金利および短期金融市場について説明しようと思います。教科書的には、中央銀行は景気が良いときには短期金利を上げ、一方、景気が悪いときに短期金利を下げます。もっとも、これまで説明してきたとおり、基本的に円金利市場において、短期金利はゼロないしマイナスで推移してきました。そのような中、２０２４年３月の金融政策決定会合にてマイナス金利政策が解除され、同年７月の決定会合では短期金利が０・２５％へ引き上げられました。このように今後、利上げがなされていく可能性もありますし、また、景気が悪くなれば利下げ

の議論が始まる可能性もあります。

まず、そもそも、日銀がコントロールしたい「短期金利」とは具体的になにを指すのでしょうか。金融機関の間で、短い期間の貸し借りをする市場を「短期金融市場」といいます。例えば、ある銀行が短期的に資金が余っており、一方で、別の銀行は短期的に資金が不足しているとします。両者の間に、短期的に資金を貸し借りするニーズがありますが、この貸し借りを可能にする市場が短期金融市場です。

この短期的な貸し借りが実際になされることで、「短期金利」が成立します。日銀が誘導しようとしている金利は、特に、金融機関の間で1営業日、しかも、無担保で貸し借りする金利を指します。これを「無担保コール翌日物金利[*59]」といい、市場参加者は「TONA《トナー》」と呼んでいます。短期金利といえば、TONAを指す場合も多いです。

短期金融市場は、1日数兆円レベルで売買がなされる市場であり、さまざまな金融機関が取引を行っています。TONAは、実際に取引された金利を取引量で加重平均することで計算されています。日銀は、TONAが例えば、0・25%程度に推移するよう誘導しています。

＊59 「コール」とは呼んだらすぐ返るという意味であり、短期の取引を意味します。

レポ取引は担保付きの短期取引

これまでたびたび「レポ取引」について触れてきましたが、これは国債を担保とした短期の取引です。読者が国債のトレーダーであった例を思い出してほしいのですが、国債のトレーダーは国債を在庫として持つわけですから、国債を在庫として持つための資金調達をする際、無担保で資金調達するよりも、国債を担保として用いたほうが調達コストを下げられます。これは読者が家を買うときに不動産を担保に出すことで、住宅ローンの金利負担（調達コスト）を下げられることと同じです。

前章で説明したとおり、レポ取引は短期の取引なので、レポ取引の金利であるレポ・レートは有担保の短期金利になります。もっとも、日銀は、金融政策を実施するための短期金利として、担保付きの金利であるレポ・レートではなくて、無担保の貸し借りに使われる金利であるＴＯＮＡを用いています。ＴＯＮＡが採用される理由は、レポ・レートは国債を担保とした取引ですから、国債の需給に影響を受けるのに対して、ＴＯＮＡは国債の需給に左右されにくいことが一因です。また、レポ取引は証券会社や大手銀行が中心なのに対して、無担保コール市場は、幅広い金融機関が参加者となっており、金融政策において効果が広範であるという観点からＴＯＮＡが採用されているともいえます。

短資会社の役割

国債市場については、証券会社が重要な役割を果たしますが、短期金融市場において重要な役割を果たしているのが短資会社です。短資会社は、短期的にお金を借りたい人と貸したい人の間に立って、その貸し借りをスムーズに実行させるサービスを提供しています。もちろん、短期的な貸し借りは、短資会社を経由しなくてもできますし、実際、そのような取引も併存しています。しかし、金融機関の間で、貸し借りしたいといっても、1営業日という短い期間での取引を行うがゆえ、その貸し借りを効率的に行う市場がなければ取引が困難になるケースもあります。

例えば、ある銀行の資金が余っている場合、その銀行は、短資会社に電話をかけて、借り手がいないかを聞きます。短資会社はブローカーとして、お金を借りたい金融機関を探してきます。そこで、貸したい金融機関と借りたい金融機関が折り合うことができる金利が見つかれば、短資会社はお互いの金融機関の名前を開示し、両者で貸し借りをします。

なぜ、最後に名前を明らかにするかというと、貸し出しの判断は相手の信用力に依存するため、実際に貸し出しを行うという段になると、当然、誰に貸し出すかがわからなければ貸し出しができませんし、取引相手によっては、すでに大量に貸し出しをしてしまっている相手かもしれません（貸し出しではリスク管理上、特定の相手に対する貸出額に上限が定められています）。その一方で、誰かがお金を借りたいという情報も、みだりに明かすべきではないため、短資会社は当初は名前を明らかにせず、実際に貸し借りをするという段で、相手の名前を明らかにします。

もちろん、相手が例えば信用リスクを抱えており、貸し出せないという判断もあるかもしれません。ブローカーである短資会社は、このような問題が起こらないような相手をうまく見つけるのが腕の見せどころです。

ちょうど今、「ブローカー」という表現を使いましたが、短資会社の役割は、証券会社のトレーダーとは違います。短資会社の役割は相手を見つけてきて、両者をつなぐことです。この役割をブローキングといい、この役割を果たす人をブローカーと表現します。

一方で、証券会社の役割は買い手と売り手を探してきて両者をつなぐということではなく、必要に応じて在庫を保有し、顧客の相手側に立ち、基本的に、常にプライスを出すのが仕事といえます。証券会社の場合、顧客から注文があれば原則、プライスを出しますが、ブローカーの場合、取引の相手を見つけることができなければ取引はなしとなります。[*60]

ちなみに、無担保コール市場はお互いの名前がわかるので、短資会社を経由しなくても、直接貸し借りすることができます。[*61] もっとも、短期的に貸し借りしたい主体は、常に借りたいわけでもないですし、一時的に貸し出しをしたいということもあります。このようなニーズに短資会社が対応しているともいえます。ちなみに、短資会社は他国の短期金融市場にはなく、日本独特の主体といわれることも少なくありません。

9．2　低金利下における短期金融市場

短期金融市場の流動性と付利

ここから、短期金融市場における日銀の役割を説明します。２０００年以降の短期金融市場ないし短期金利の歴史を紐解くと、我が国ではゼロ金利を軸とした低金利政策が継続されまし

＊60　厳密にいえば、短資会社がごく短期的に在庫を持つことがありえます。

＊61　このような取引を直接取引（ＤＤ）といいます。

図表9-1　短期金利(TONA)の推移

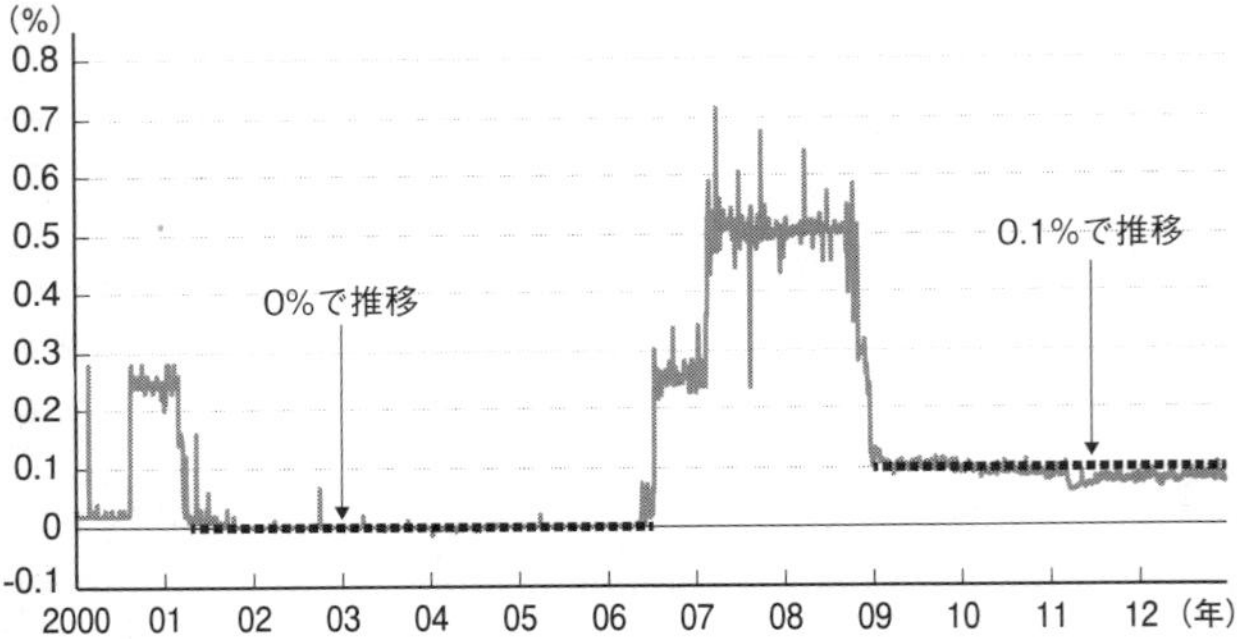

(出所) 日本銀行資料をもとに筆者作成

た。図表9－1が2000年以降の短期金利（TONA）の推移ですが、2001年から短期金利がゼロで推移します。その後、2006年くらいから短期的には金利が上昇したものの、2008年の金融危機を契機に、再びゼロ金利政策が取られました。もっとも、図表9－1を見ると、金融危機以降、短期金利は0％ではなく、0・1％で推移していることがわかります。

実は、2000年代に、ゼロ金利政策が実施されたことにより、短期金融市場の流動性の低下が問題視されました。日銀は、2001年から2006年において量的緩和政策を実施しており、その間は、短期金利がほぼ0％で推移し、短期金融市場における流動性が著しく低下しました。短期金融市場で取引が起こるのは、貸したい人と借りたい人がいるからですが、ゼロ金利になった場合、貸したところで、金利も得られないので、それほど運用のニーズも見込めません。

これまでにも指摘しましたが、市場はエコシステムのようなものなので、短期的に資金の融通をしたい人がいれば、短期金融市場で活発に取引が行われるため、さらに多くの人が集まるという循環があります。しかし、その市場で取引がまったくなされない状況になってしまうと、そこに、そもそも人々が訪れなくなってしまうなど、市場そのものが壊れてしまうかもしれません。日本の金利市場において新しい商品が定着しにくいことはすでに指摘してきましたが、金利が正常化し、いざ資金調達をしたい金融機関が生まれたときに、短期金融市場が機能しなくなってしまうかもしれません。

「補完当座預金制度」の導入

そこで、2008年、当時日銀の総裁であった白川方明《まさあき》氏は、金融危機の中、金利を再び下げなければならない局面で、「補完当座預金制度（付利制度）」を導入しました。日銀は準備預金制度を有し、対象となる金融機関は一定の預金を日銀に預け入れなければなりませんが、付利制度とは、それを超えた預金（超過準備）に金利を支払う制度です。

日銀がこの制度を導入した理由は、大きく分けて二つあります。一つは短期金融市場におけ

図表9-2　当座預金を持つ金融機関と持たない金融機関の裁定取引のイメージ

（出所）筆者作成

る流動性の維持です。先ほど、2008年以降、短期金利が0%にならず、0・1%で推移したと指摘しましたが、これは付利金利が0・1%となったことによります。もう一つは、大規模な緩和政策からの出口戦略のためです。ここでは、まず、なぜ付利が入ると短期金融市場における流動性が上がるのかを考えてみます。

付利金利が0・1%だと、民間銀行は日銀の当座預金に資金を置くことで金利を0・1%得られます。一方、日銀の当座預金を持たない金融機関が余剰資金を持っており、日銀の当座預金を持たないものの、ゼロ金利以上であれば安全に短期運用したいとします。例えば、安全に短期運用する必要があるファンド*62があり、そのファンドは日銀に当座預金を持っていないとします。そこで、銀行がこのファンドから0・1%以下の金利でお金を短期的に借りて、銀行が日銀に0・1%でお金を預けることにより、そのファンドと銀行の間で無担保の貸借取引が成立します（図表9－2）。

このように付利金利を0・1%などとすれば、上述の裁定取引により短期金融市場に一定の流動性が生まれます。一方、日銀が短期金利をゼロにしてしまうと、短期運用したいという主体がいなくなってしまうので、取引がまったくなされないという状況が生まれてしまいます。

日銀が誘導する短期金利（TONA）と付利制度の関係

白川総裁（当時）が付利制度を導入した理由として、流動性の維持以外にも、量的緩和政策の「出口戦略」を可能にするためのツールとしての機能を重視したこともあります。日銀にとって短期金利のコントロールは非常に重要ですから、流動性以上に、出口戦略のために付利制度があると見ることもできます。

付利金利と裁定取引の話をしましたが、大切な点は、この裁定取引は付利金利（0・1％）に紐づいている点です。先ほどの裁定取引を思い出すと、銀行は付利金利である0・1％以下で借り入れをして（この貸し借りにより0・1％弱でTONAが形成）、それを日銀当座預金に置い

＊62　例えば、そのようなファンドとしてMRF（Money Reserve Fund）があります。MRFとは、投資信託に資金を置くリザーブ・ファンドであり、特に安全な運用が求められています。

て０・１％の金利を得ます。この取引はあくまで付利金利を軸としていますから、付利金利が変われば、この裁定取引がなされる金利水準も変わります。例えば、付利金利が０・２５％になれば、銀行は０・２５％以下で借り入れをして（この貸し借りにより０・２５％弱でＴＯＮＡが形成）、日銀当座に預けて０・２５％を得るという裁定取引になります。付利金利とは日銀の当座預金に預ける際に日銀が払う金利ですから、日銀が付利金利を動かすことにより、上述の裁定取引における金利を動かすことで、ＴＯＮＡを誘導することが可能になります。

事実、付利制度を導入して以降、この付利金利を動かすことで、短期金利は誘導されています。例えば、２０１６年1月にマイナス金利政策が導入されましたが、これは当座預金の一部に対する付利金利をマイナス金利である▲０・１％にしたことを意味します（日銀から金利をもらえるのではなくて、むしろ日銀に０・１％金利を支払うことになりました）。また、２０２４年のマイナス金利政策解除など利上げのタイミングでは、この付利金利を０・１％に上昇させました。

9．3　量的引き締め（ＱＴ）とは

日銀が国債を大量に保有したまま利上げをする方法

教科書的には、金融政策を引き締めたいときは、単純に国債を売却する売りオペをすればよいということかもしれません。もっとも、付利制度を導入した2008年時点で、当時総裁であった白川氏は、将来的に年限が長い国債を購入することとなれば、将来利上げをするタイミングで問題が起きうると考えました。[*63] そのため、2008年に米国で付利制度を導入するタイミングで、日銀も付利制度を導入することで、将来の出口戦略に対して布石を打っておいたわけです。

実際、2013年以降QQEを実施することにより、日銀は、長期国債を購入していくこととなります。長い年限の国債を購入していくと、日銀の保有する国債がどんどん増えていきます。したがって、例えば、日銀が利上げを行うタイミングだと考え、日銀が国債を売却するとなると、すでに国債市場における日銀のプレゼンスが大きくなっていますから、その売却が予測されるだけで市場を大きく動かしかねません。事実、読者が投資家であれば、巨大な国債の保有者である日銀が国債を売却するとなれば、自分も先に売却したいと考えるでしょう。

＊63　このときの経緯に関心がある読者は白川方明『中央銀行：セントラルバンカーの経験した39年』（2018年、東洋経済新報社）を参照してください。

金利が急騰すると、日本政府の金利負担も増加します。また、前述のとおり、国債は銀行などの金融機関が保有しているため、金融機関が大幅な評価損を抱えるということにつながります。

実際に、米国では2013年、当時のFRB（米連邦準備制度理事会）の議長であったバーナンキ氏が国債の購入速度を緩めると発言したら、市場が驚いて金利が急騰するというイベントもありました。このときの金融市場の混乱を「テーパー・タントラム」といいます。

そこで、日銀は出口戦略において、市場を驚かすことなく、また、徐々に保有する国債を減らす必要があるわけですが、前述のとおり、日銀が国債を保有したままでも、付利金利を上げれば、短期金利を上げることができるわけです。日銀が国債を売却しなくても、先ほどのように付利金利が得られる金融機関とそうでない金融機関が裁定取引をすることにより、短期金融市場で取引される金利は、付利金利に紐づいたものになります。

再び、付利金利が0・1％であるとしましょう。この場合、前述の裁定取引により、短期金融市場で形成されるTONAがおおよそ0・1％になります[*64]。日銀は大量に国債を保有しているため、国債の売却で短期金利の利上げをすれば市場の混乱を招くかもしれません。

しかし、例えば、日銀が国債の売却をしなくても、日銀が支払う当座預金の金利を0・25

図表9-3　付利金利上昇時における短期金利の推移

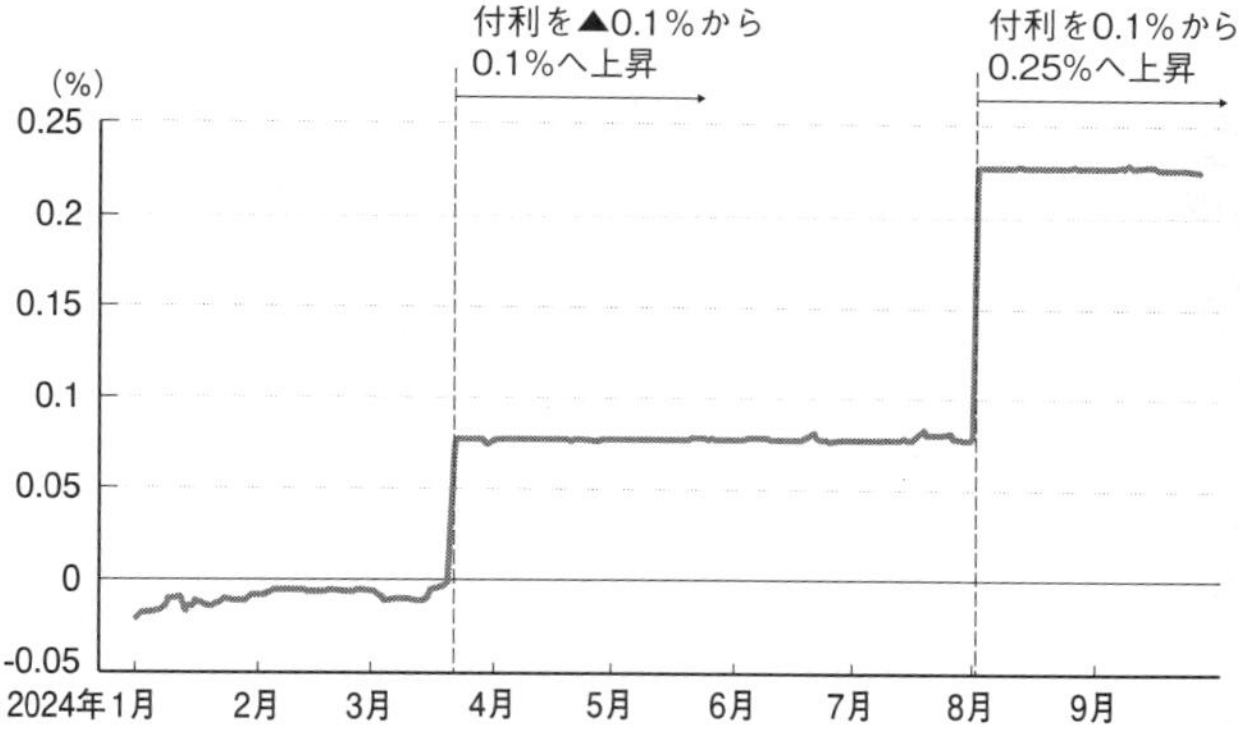

（出所）日本銀行資料をもとに筆者作成

%へ上げる（付利金利を０・２５%にする）と決めれば、やはり前述の裁定取引により、短期金利は０・２５%に上昇することになります。

実際に、日銀は２０２４年７月末の決定会合で利上げをしましたが、具体的には、誘導したいTONAの水準を０〜０・１%程度から０・２５%へ上昇させるとともに、付利金利も０・１%から０・２５%に上昇させました。そのときの短期金利の推移を示すのが図表９－３ですが、きれいに０・２５%周辺で推移していることがわかります。*65

国債購入の減額と量的引き締め（QT）

日銀は、近年、QQEの出口戦略として、国債の保有額を減少させる方向性も示しています。第５章で説明したとおり、YCC（イールドカーブ・

図表9-4　日銀によるQTのイメージ　（出所）日本銀行

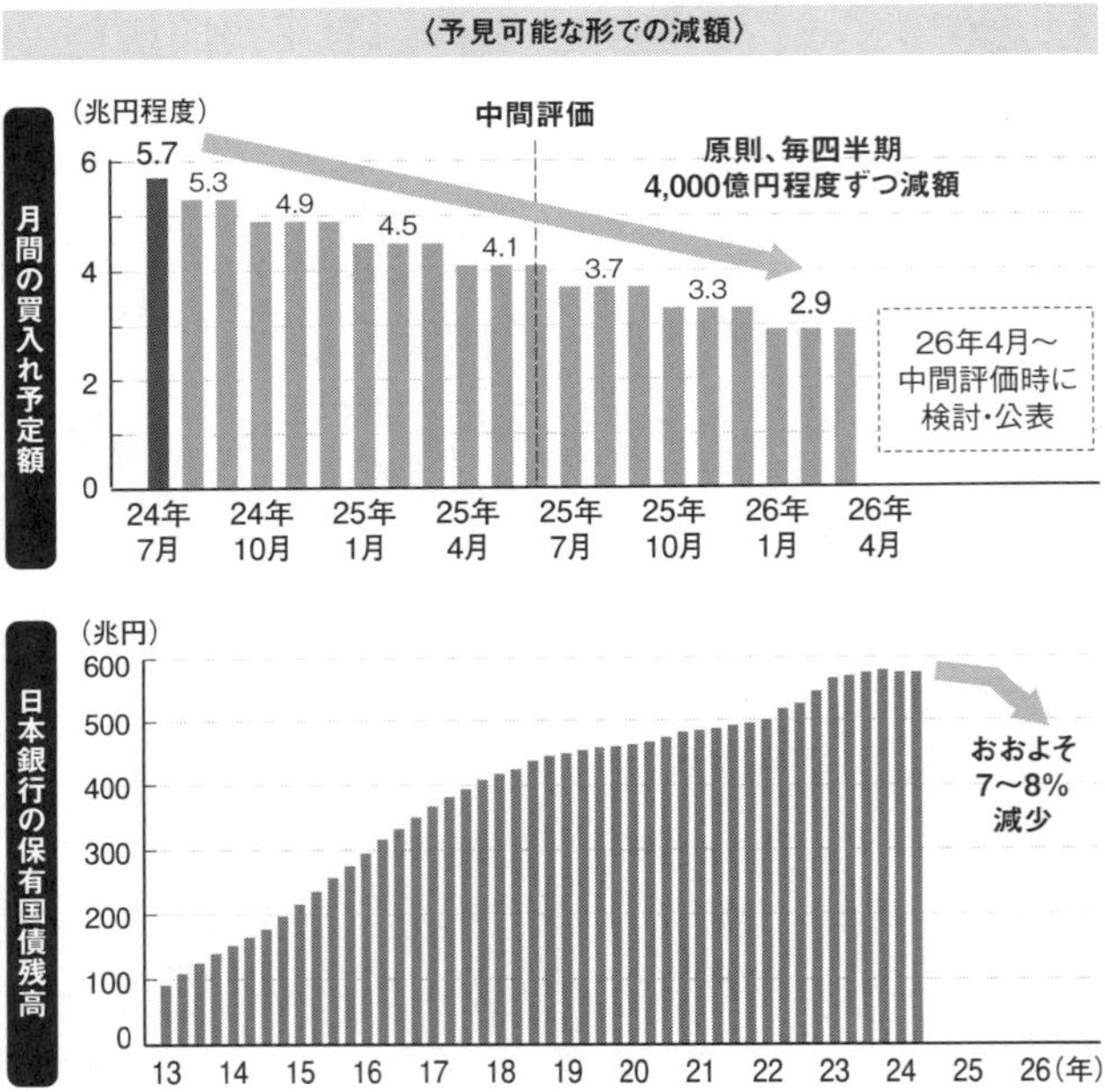

コントロール）の導入とともに、ステルス・テーパリングと呼ばれながら、国債購入のペースを途中で徐々に減らしていきました。とはいえ、日銀が保有する国債の残高そのものは増加が続いており、事実、2024年時点でも、大量の国債が日銀によって保有されています。その一方で、国債には満期があるので、日銀が引き続き国債を購入していったとしても、その購入金額次第では、国債の保有量は減少していきます。

日銀による国債の月間購入額は変化していますが、2024年4月の時点では、月間6兆円規模で国債を購入していました。この月間6兆円という数字は、日銀が保有する国債残高がほぼ横ばいで推移するという規模感です。日銀がそもそも保有している国債の金額が大きく、短い年限の国債も保有していることから、月間6兆円の国債を購入することで、日銀の保有残高が横ばいになるわけです。逆にいえば、月間の国債購入額を6兆円以下にすると、日銀の持つ国債の残高（ストック）が減少していくことになります。

このように、日銀が量的緩和政策の出口戦略として、保有する国債のストックを減少させていくことを「量的引き締め（QT）」といいます。しばしば国債購入の減額を「テーパリング」といいますが、テーパリングは、ストックの減少というよりも、フロー（購入量）の減少を示した概念です。

日銀は事前に市場参加者に減額に関するヒアリングをしたうえで、2024年7月の決定会合でQTのプランを明らかにしました。図表9-4が日銀によるQTのイメージですが、国債

＊64　厳密にいえば、短資会社の取引コストなどがあるため、その分だけ、0・1％から乖離します。
＊65　若干0・25％から乖離していますが、これは短資会社の取引コストなどで説明できます。

の月間購入額を6兆円程度から毎四半期4000億円程度ずつ減少させていきます。これに伴い、日銀が保有する国債の残高は、2025年度末にはおおよそ7~8%減少します。国債購入額の減額については、できる限り市場参加者にとって予見可能な形で進められています。保有する国債をどれくらいのスピードで減らしていくかについては、日銀は必要に応じて見直すとしています。

9.4 短期国債と外国人投資家

国庫短期証券(Tビル)と割引債

国債と短期金融市場という観点でいえば、財務省は、1年以下の短期国債を発行しています。そのため、国債の発行という観点でも、短期金融市場は極めて重要です。財務省が発行する1年以下の債券は、「国庫短期証券(Tビル/TDB)[*66]」と呼ばれています。[*67]

年限が1年以下の国債の特徴は、クーポン(利子)がないことです。このような債券は「割引債」や「ゼロ・クーポン債」と呼ばれます。割引債は図表9-5のようなキャッシュ・フローを生む債券です。割引債の投資家は、当初、例えば99円支払い、途中でクーポンはもらえないのですが、満期に投資した99円より高い価格である１００円で戻ってくるという商品性になっています。途中でクーポンがないものの、99円で投資できれば、１００円が償還され、結果1円分のリターンが得られるということです。

1年以下の国債についてクーポンを払わない債券が用いられている理由は、半年や1年しか借り入れないのに、クーポンを払ったら事務的に面倒であり、途中でクーポンを支払わず満期に一括で支払ったほうが効率的であるからです。割引債は、（もちろん例外はありますが）基本的に1年以下の短い債券で用いられています。

これが割引債と呼ばれるのは、金融では将来のキャッシュ・フローを現在の価値で評価することを「割り引く」といい、この割引債の価格は、将来の１００円をまさに現在の価値に割り引いたものだからです。今の１００円を1年間運用したら金利が得られるので、1年後は１００円以上になります。したがって、将来１００円もらえる価値を今評価した場合、今の１００円より割り引くべきだ（ディスカウントすべきだ）というわけです。

図表9-5　割引債のキャッシュ・フロー

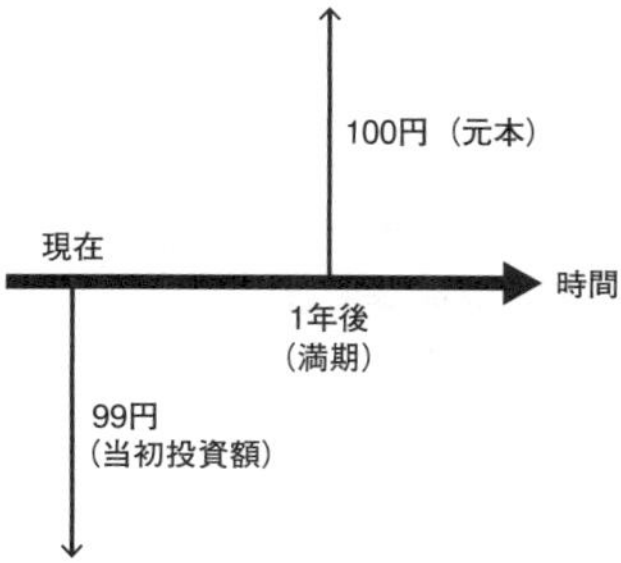

（出所）筆者作成

図表9-6　ドルを保有する外国人投資家が短期国債を購入するイメージ　（出所）筆者作成

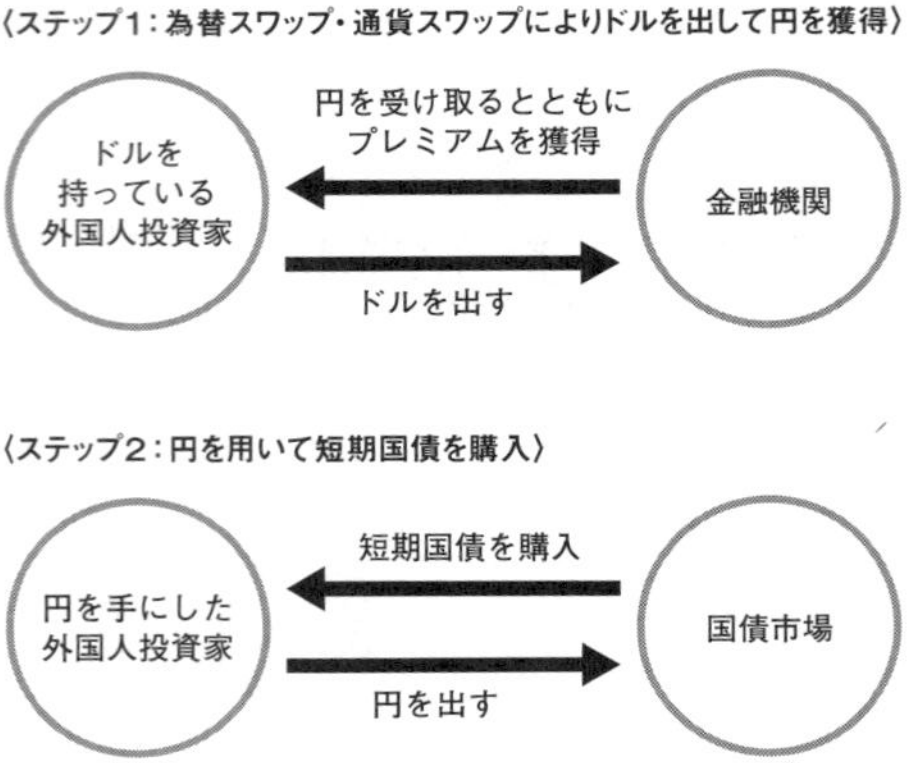

短期国債の大部分は外国人投資家が保有

第１章で日本国債の大部分を国内投資家が保有していると説明しましたが、短期国債（Tビル）については、２０２３年12月末時点で、外国人投資家が６割以上保有しています。この理由は、ドルを保有している投資家からすると、為替スワップや通貨スワップと呼ばれるデリバティブを用いれば、日本国債を保有することのリターンが上がることが理由です。具体的には、金融危機以降のマーケットで、ドルを出すだけでプレミアムが得られる環境が生まれました。

したがって、ドルを持っている外国人投資家は、ドルを出して、円を受け取り、その円を置く場所として日本の短期国債を買っています。図表９－６はドルを保有する外国人投資家が短期国債を購入するイメージを示しています。

外国人投資家は、前述のプレミアムを得ることがこの取引の主な目的であるため、特別なリスクを取るつもりはありません。銀行の預金に資金を置くと、銀行の信用リスクを取ることになります。また、長期債を買うと、金利リスクを負うことになります。したがって、最も金利リスクを抑えられ、安全性の高い短期国債が選択されているというわけです。

為替スワップや通貨スワップと呼ばれるデリバティブを使うと、なぜドルの出し手がプレミ

＊66 市場参加者は、米国債の Bill と混同しうることから、TDB（Treasury Discount Bill）などと表現する傾向にあり、ここではこの表現も紹介しています。

＊67 このTビルは、二つの役割を有しています。一つは、歳出と歳入のギャップを埋める機能です。これを「割引短期国債（TB, Treasury Bill）」といいます。もう一つの機能は一時的な資金繰りです。例えば、税金が入るタイミングと歳出のタイミングが違うことで、一時的に資金が足りないことがあります。このような短期の資金繰りや、特別会計の一時的な資金不足の補塡のために発行される債券を「政府短期証券（FB, Financing Bill）」といいます。以前は、このTBとFBは別々に発行されていたのですが、現在は、TBとFBがTビルとして統合して発行されています。投資家もTBとFBを区別せずに、Tビルとして投資しています。

アムを得られるかは、2008年の金融危機を受けて金融規制が変わったことなどが背景にあります。為替スワップや通貨スワップは、その商品性も含め非常に専門的なので、そのメカニズムを知りたい読者は、『日本国債入門』の第12章を参照してください。

大切な点は、大部分の日本国債は、現在、国内投資家に保有されていますが、国債は流通市場で取引されており、外国人投資家にとってメリットがあればいつでも保有される可能性があるということです。したがって、環境が変われば外国人による国債保有の割合が劇的に上昇する可能性もあります。実際、2024年時点でも、日銀の保有割合を除くと、外国人投資家による保有割合は3割弱となっています。第1章で説明したとおり、現在、村社会ともいわれる日本国債市場ですが、今後、外国人投資家のプレゼンスが増すことで、市場構造が変化する可能性もあります。

おわりに

本書では、日本国債に初めて触れる読者を想定して、国債の基礎知識について包括的に解説しました。最後に、本書で説明したことを整理したうえで、より発展的な内容を望む読者への案内を行います。

本書でも説明したとおり、国債とは国が発行する債券です。本書は国債についての本ではありますが、実は、債券の入門書にもなっています。国債の知識があれば、ほかの債券については、例えば、倒産リスクなど、国債に比べてどのような違いがあるかという観点で理解することができます。

新聞などで金利について目にすることも少なくないと思いますが、金利とは、国債のリターンであることも強調しました。債券の本を読むと、金利と価格が逆の動きをすることが丁寧に説明されていますが、本書を読んだ方は、金利とは、国債（債券）のリターンなのだから、高い価格で買ったら、リターン（金利）は下がるだろう、と直感的に理解できるはずです。

また、金利と一口にいっても、年限が短い短期金利もあれば、年限の長い長期金利もあります。長期金利は、将来にわたる短期金利の予測の集合体という観点で、両者は密接な関係を有しています。

債券は、その年限がリスクになる点も重要です。超長期債になると大きな価格変動リスクがあり、これを金利リスクといいました。読者が特に金利リスクを抑えた運用をしたいのであれば短い年限の債券に投資すればよいということになります。面白いのは、金融機関から見ると、長い年限の国債がただちにリスクになるとは限らないということです。生命保険会社の場合、保険の契約期間が長いので、その負債と年限をあわせるよう、年限の長い国債を買うことが、むしろリスクの低下につながります。

本書では、日銀の金融政策について特に丁寧に説明しました。日銀は、国債の最大の投資家であり、金利の動向を理解するうえで日銀の行動を理解することが最も重要であるといっても過言ではありません。そのため、日銀の意思決定の仕組みや、２０１３年に導入されたＱＱＥ以降の政策の変遷、近年の利上げの動きを中心に説明しました。本書に記載した内容は、日銀の政策が金融市場に与える影響全般について使える知識だと思います。

個人に向けた国債：個人向け国債

本書で取り上げた国債の大部分は機関投資家に購入されていますが、個人に向けた国債として、「個人向け国債」があります。基本的な商品性は本書で説明した国債と同じです。個人向け国債について勉強する際は、国債市場についての基本を理解しておいたほうがよく、本書は個人向け国債の良い導入書にもなります。

個人向け国債は、個人にとって買いやすいように配慮がなされています。まず、個人向け国債は1万円から購入することが可能であり、証券会社、銀行などの金融機関や郵便局に口座を開いて申し込むことで購入できます。また、個人向け国債は、2回分の利子相当額を放棄しなければならないというペナルティはありますが、1年経過すれば途中解約することができるため、定期預金に近い性質も持っています（1万円から中途解約可能です）。毎月発行されるので、購入のタイミングも自由に選べます。

金利については、変動金利（10年満期）と固定金利（3年・5年満期）の3種類から、個人が選択できる仕組みになっています。変動金利とは定期的に金利が見直される仕組みです。個人向け国債の場合、購入した個人が受け取る利子が10年国債の金利に連動する仕組みであり、半年ごとに金利が見直されます（下限は0・05％と最低金利保証が課されています）。固定金利については、購入時点において国債市場で取引される3年金利と5年金利（実際にはそれより若干差し引かれた金利[*68]）が支払われる仕組みであり、受け取る金利は満期まで変動しません。

近年では、少額投資非課税制度であるＮＩＳＡ《ニーサ》などが話題であり、株式や投資信託が認知されてきたとはいえ、日本の家計金融資産の半分は銀行への預金であり、そもそも預金以外で運用・投資をしたことがない個人が多いのが現状です。個人向け国債は、有価証券投資を行う最初の商品として取り扱われることも少なくありません。

個人向け国債であれば元本および利払いは、国が責任を持っており、仮に個人向け国債の口座を開設している金融機関が破綻しても、その権利は保護されており、預金以上に安全性が高い商品ともいえます。長年金利が低く推移してきましたが、今後、国債の金利が上がれば、個人向け国債の話題が増えていく可能性も少なくありません。

資産運用について

個人向け国債の話をしましたが、近年では、資産運用についての話題が増えており、運用という観点で本書を手に取ってくださった方もいると思います。本書では国債や金利の基本を説明しましたが、このような金融の基本的な知識より、運用に関して、「〇〇すべきだ」というシンプルなアドバイスを求めている方もいるかもしれません。

筆者の率直な意見は、むしろ、単純なアドバイスはできないという事実をつきつけるほうが専門家の真摯な姿勢だと感じています。つまるところ、資産運用はこれまで蓄えてきた自分の資産を動かす行為です。自分の大切な資金を動かすなら、自分で勉強するしかなく、それに正面から向き合うしかありません。ほかの人に任せたくなる気持ちもわかるのですが、一方で、人に任せて失敗したという人も後を絶ちません。

いうまでもなく、資産運用で高いリターンを求める以上、相応のリスクを取る必要があります。仮にその意思決定をした場合、常に損をする可能性を受け入れなければなりません。そして、実際に損したときに、どれだけそれを受け入れられるかということを真剣に考える必要があります。

私の意見では、損失した際の納得感は、運用の意思決定をする際、自分がどれくらい主体的に勉強したかによります。あまり勉強もせずに投資信託を購入して損失をした場合、大きな後

＊68　通常の国債に対して、途中で解約できるオプションが入っているため、3年金利や5年金利より若干低い金利になっています。詳細は財務省のウェブサイトを確認してください。

悔につながりかねません。そのリスクを受け入れられないなら、例えば年限の短い債券でリスクを取らない運用をしたほうがよい、ということになります。

「はじめに」で言及したとおり、本書では、できるだけ流行り廃りのない知識の説明をしました。私なりに正確な記載を心がけたつもりですが、私の意見に対して異なる意見を持つ方もいると思います。読者にお願いしたいことは、本書をきっかけに多くの金融の書籍を手に取ってほしいということです。そして、本書を含めて、批判的な目線で読み、ほかの書籍と比較しながら、多面的に運用について考えてほしいと思っています。

国債・債券についてより発展的な内容を知りたい読者に

本書ではできるだけ直感的な説明に努めました。もっとも、例えば、金利の細かい計算や、日銀のオペレーションの詳細、デリバティブなどテクニカルな論点は省略しました。金融の実務という観点では、本書で取り上げた内容は、その入り口にすぎないともいえます。

もし本書を通じて国債や債券の専門的な内容に関心を持っていただけた場合は、筆者が執筆した『日本国債入門』（金融財政事情研究会）を続けて読んでいただければ、発展的な内容を理解できると思います。『日本国債入門』は各章で独立して読めるように構成されているので、例えば、金利リスクについてもう少し丁寧に議論を追いたいということであれば、第4章から読むことも可能です。

また、為替など国際金融に関心がある方もいると思います。国際金融については、筆者が植田健一氏（東京大学教授）と共著で執筆した『国際金融』（2024年、日本評論社）を手に取っていただければ幸いです。特に第二部では、金融市場との関係に焦点を絞り、国際金融の基礎をコンパクトにまとめています。また、同書は東京大学での講義や霞が関での研修をベースに記載されているため、経済学や政策の観点で国際金融に関心がある方も想定読者としています。

私のウェブサイトに「日本国債・債券入門シリーズ」として債券の解説論文を掲載していますす。デリバティブについては実務的にも使える内容を記載していますし、金融規制なども詳細にカバーしています。こちらはすべてウェブ上に無料で公開しており（https://sites.google.com/site/hattori0819/）、市場参加者から読んでくださったと声をかけてもらえることも多い印象です。

本文でも繰り返したように国債や債券の仕組みは複雑ですが、基礎さえおさえれば難しくはありません。この本で関心を持たれた方は書籍やウェブコンテンツに触れてみてください。

本書では、さまざまな人の協力を得ました。石田良氏、稲田俊介氏、杉本健輔氏、早瀬直人氏、大石湊平氏、後藤勇人氏、中野雄太氏、毛利浩明氏からは、本書を一読いただきコメントをいただきました。内容の校正プロセスでは、私のリサーチ・アシスタントを務めてくださった安斎由里菜さん、國枝和真さん、新田凜さん、田村泰地さんには細かく原稿をチェックしていただきました。本書の企画・編集という点では、集英社の吉田隆之介さんにお世話になりました。皆様に心より御礼申し上げます。

2024年12月

服部孝洋

服部孝洋（はっとり　たかひろ）

経済学者。東京大学公共政策大学院特任准教授。二〇〇八年野村證券入社、二〇一六年財務省財務総合政策研究所を経て、現職。著書に『日本国債入門』（金融財政事情研究会）、共著に『国際金融』（日本評論社）。SNSやホームページでも、一般の読者に向けての情報発信を積極的に行なっている。

集英社新書一二四八A

はじめての日本国債《にほんこくさい》

二〇二五年一月二二日　第一刷発行
二〇二五年七月　九　日　第四刷発行

著者……服部孝洋《はっとりたかひろ》
発行者……樋口尚也
発行所……株式会社集英社
東京都千代田区一ツ橋二-五-一〇　郵便番号一〇一-八〇五〇
電話　〇三-三二三〇-六三九一（編集部）
〇三-三二三〇-六〇八〇（読者係）
〇三-三二三〇-六三九三（販売部）書店専用

装幀……原　研哉　組版……MOTHER
印刷所……TOPPANクロレ株式会社
製本所……加藤製本株式会社
定価はカバーに表示してあります。

ISBN 978-4-08-721348-5 C0233

Printed in Japan

a pilot of wisdom

集英社新書 好評既刊

崩壊する日本の公教育
鈴木大裕 1235-E
政治が教育へ介入した結果、教育のマニュアル化と市場化等が進んだ。米国の惨状を例に教育改悪に警告。

その医療情報は本当か
田近亜蘭 1236-I
広告や健康食品の表示など、数字や言葉に惑わされない医療情報の見極め方を京大医学博士が徹底解説する。

石橋湛山を語る いまよみがえる保守本流の真髄
田中秀征／佐高 信 1237-A
岸信介・清和会とは一線を画す保守本流の政治家、石橋湛山を通じて、日本に必要な保守主義を考える。

荒木飛呂彦の新・漫画術 悪役の作り方
荒木飛呂彦 1238-F
『ジョジョの奇妙な冒険』等で登場する名悪役たちはなぜ魅力的なのか？ 創作の「企業秘密」を深掘りする。

遊びと利他
北村匡平 1239-B
公園にも広がる効率化・管理化の流れに、どう抗えばよいのか？「利他」と「場所づくり」をヒントに考察。

ユーミンの歌声はなぜ心を揺さぶるのか 語り継ぎたい最高の歌い手たち
武部聡志 取材・構成／門間雄介 1240-H
日本で一番多くの歌い手と共演した著者が、吉田拓郎や松田聖子といった優れた歌い手の魅力の本質に迫る。

プーチンに勝った主婦 マリーナ・リトビネンコの闘いの記録
小倉孝保 1241-N〈ノンフィクション〉
プーチンが夫を殺したのか？ 真相を追い求める妻に英国やロシアが立ちはだかる。構想十二年の大作。

ヘーゲル(再)入門
川瀬和也 1242-C
主著『精神現象学』や『大論理学』を解読しつつ、「流動性」をキーワードに新たなヘーゲル像を提示する。

東京裏返し 都心・再開発編
吉見俊哉 1243-B
再開発が進む東京都心南部。その裏側を掘り起こす、七日間の社会学的街歩きガイド。

わたしの神聖なる女友だち
四方田犬彦 1244-B
昭和の大女優、世界的な革命家、学者、作家、漫画家など、各領域で先駆者として生きた女性の貴重な記録。